IJS 서울대학교 일본연구소
Reading Japan 6

문학에 나타난 생활사
: 주거와 가족을 둘러싼 이야기

文学に現れた生活史

강연자 니시카와 유코(西川祐子)
번역자 임미진

Publishing Company

서울대학교 Reading Japan 6

차 례

| 강연록 | 문학에 나타난 생활사 ────── 05
  1. 자기소개   07
    : 다영역 횡단형 학문인 젠더연구를 전공하기까지
  2. 일본형 근대가족모델과 주거모델의 변천   13
    : 반복되는 이중구조
  3. 문학에 나타난 생활사   29
  4. 히로시마와 후쿠시마 사이를 그린   39
    대하소설은 생겨날까.

| 질의 응답 | ─────────────── 45
| 역자 후기 | ─────────────── 63
| 부   록 | 점령기 만화 속 여주인공들의 집 ──── 69
: 베이비상(Babysan)과 블론디(Blondie), 그리고 사자에상(サザエさん)

  메이드 인·오큐파이드 재팬(made in occupied Japan)
  점령군 주둔
  「베이비상」의 다다미 집
  「블론디」 언덕 위에 하얀 집
  「사자에상」과 「블론디」의 교대극
  마스오의 처가살이

| 참고 문헌 | ─────────────── 89

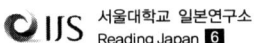
서울대학교 일본연구소
Reading Japan 6

강연록

- 일본형 근대에 있어서, 공영역인 저널
- 리즘의 발전과 함께 사영역인 개인의
  내적갈등은 역사학뿐만 아니라 문학,
  특히 소설 속에서 묘사되어 왔습니다.
  이러한 아이디어에 착안하여 나온 것이
  『셋집과 자기소유 집의 문학사』입니다.
  이 책은 일본문학 가운데서 100여 편에
  가까운 소설을 채택해서 소설의 무대인
  주거공간에서 펼쳐진 인간드라마에 주
  목하여, 이를 한 편의 대하드라마로 해
  석한 것입니다.

강연록

문학에 나타난 생활사

文学に現れた生活史

西川 祐子

1. 자기소개
: 다영역 횡단형 학문인 젠더연구를 전공하기까지

먼저 제 소개부터 하겠습니다. 저는 일반적으로는 젠더연구를 전공한다고 일컬어지고 있습니다만, '다영역 횡단형 학문'이라 할 수 있는 젠더연구를 하기까지 연구영역을 점차적으로 이동하고 확장해왔습니다. 여러 공동연구 그룹에 참여하고 전문영역이 다른 연구자들과 논의하면서 차츰 관심 영역이 넓어지고 유익한 경험을 하기도 했지요. 제 개인적 경험은 특수한 것이지만, 어느 정도는 일본 내의 저희 세대 연구자들과 공통되는 경험을 가지고 있습니다. 저의 경험과 문제의식이 한국의 연구자 분들과 어떤 점에서 공통되며 다를지가 궁금하기도 합니다.

저는 1960년대에 프랑스어문학을 전공하고 프랑스 19세기 소설가 발자크(Balzac)에 대해서 박사논문을 썼습니다. 그 후 대학에서는 프랑스어 교수로 재직했습니다. 학생 때부터 여성사 연구회에 참여했는데, 당시는 역사학이 번성한 시대였습니다. 이전의 역사학은 거의 공영역(公領域)의 정치와 경제로 연구대상이 제한되었습니다. 이 지점에서 여성사연구가 사영역(私領域)을 연구대상으로 채택한 의의는 컸다고 봅니다. 사영역의 역사뿐만 아니라, 전쟁 중에 어린 시절을 보낸 우리 세대가 직면해야 했던 여성과 가정의 전쟁책임이라는 문제에 천착하여 공영역의 정치·경제문제에도 몰두했습니다. 연구회에는 일본사 연구자뿐만 아니라 저처럼 외국문학과 다양한 역사를 전공하는 연구자들이 참가하고 있었기 때문에 비교문화·비교연구에 대한 관심도 높았습니다.

현재는 '여성사 총합 연구회(女性史総合研究会)'라는 곳에서 1970년대부터 1980년대에 행해진 연구 성과를 『연구 여성사(研究女性史)』전5권, 『일본여성 생활사(日本女性生活史)』전5권, 『모성을 묻다(母性を問う)』전2권, 『젠더의 일본사(ジェンダーの日本史)』전2권, 그리고 『여성문제 문헌목록(女性問題文献目録)』전4권으로 출판했는데, 저

는 이 모든 시리즈에 논문을 집필했습니다.

저는 프랑스문학뿐만 아니라, 일본의 근·현대소설에 관한 논문을 쓰고 여성문학자, 여성역사학자의 평전을 출판하기도 했습니다. 전기(傳記)의 시대배경을 연구하면서 근·현대의 일본 사회와 프랑스 사회가 시야에 들어오게 되었고 자연스럽게 비교사·비교문화연구에 흥미를 가지게 되었습니다. 그즈음 유럽쪽에서도 여성사연구 내지 새로운 역사학이라고 부른 사회사연구 그룹이 존재했고 『여성의 역사(女の歷史)』, 『가족의 역사(家族の歷史)』, 『사영역의 역사(私領域の歷史)』라는 표제의 공동연구 성과를 영어, 프랑스어, 독일어, 이탈리어로 동시 출판했습니다.

지금부터 논의 할 주제는 미리 의논한 것은 아니지만, 일본 여성사총합연구회가 출판한 책의 주제와 거의 유사합니다. 이 유사성을 눈치 챘을 때 저는 지리적 거리와 언어, 그리고 문화의 차이와 상관없이 지구상의 우리들은 자각적으로 동시공간을 살아가는 시대에 있다는 것을 실감했습니다. 동시대성의 발견은 역으로 지역성의 발견을 이끌어 냅니다. 여성문제·여성운동에 대한 세계사적 동시성의 발견은 한편으로, 각 사회의 언어와 문화의 차이 특히 근대이후 세계국가 간 체제 속에서 각국의 정치적 조건의 차이를 보다 깊이 생각하게 해 줍니다. 이러한 의식 하에서 저는 다른 역사적 배경을 가지고 있지만 서로에게 공통적인 어려움과 차이, 가령 각 사회에 존재하는 가부장제 혹은 무상의 가사노동 등을 어떻게 언어화하고 협력하여 해결하는 것이 좋을까에 대한 것과 그 이후의 문제에 대해서도 계속 생각하고 있습니다.

저희들 세대의 여성사 연구가 성숙기를 맞이하면서 1970년대에는 학원투쟁과 제2기 페미니즘 운동 세대의 사람들이 왕성한 발언을 하기 시작했습니다. 여성학 연구세대라 할 수 있는 이들은 여성사 연구세대인 저희들보다도 약 10년 젊은 연구자들입니다. 여성사는 역사학이기 때문에 당연하다는 듯이 시간 축을 중시해왔습니다. 그러나 여성학 그룹의 연구자는 사회학, 인류학, 심리학, 언어학 등의 동시공간분야의 연구자가 많고 여성사연구와는 연구주제에 있어서도 뉘앙스의 차이가 있었습니다. 여성학 연구는 가사노동, 섹슈얼리티, 신체 등의 새로운 연구테마와 이론을 개척했기 때문에 저에게는 매우 신선하게 다가왔습니다. 저는 여러 번 여성학 그룹의 연구회에 참여했습니다. 여성학 그룹의 사람들도 적극적으로 여성사 그룹의 연구회에 참여했으며 그럴 때마다 열정적인 의논을 했습니다. 여성학 세대도 연구성과를 대량의 출판물로 냈

습니다. 2009년 출판된『신편 일본페미니즘(新編 日本フェミニズム)』전 12권은 그 총괄입니다. 저는 여기에도 참여했습니다.

그리고 1990년대 후반에는 각 대학의 커리큘럼 안에 여성사, 여성학, 젠더연구라는 명칭의 과목이 정착하게 됐습니다. 이전까지의 우리들은 자신의 전공분야와 연계하거나 또는 재야의 연구자로서 논문을 써왔습니다만, 대학 안에서 젠더연구의 자리를 얻게 되면서 학생들에게 젠더연구의 관점에 대한 수업과 차세대 연구자를 교육하는 일을 했습니다.

저도 신설대학인 교토분쿄(京都文敎) 대학에서 젠더론과 젠더사에 의거한 현대생활을 가르치는 수업을 하다가 3년 전에 정년퇴직했습니다. 이 시기에는 제가 몸담고 있는 대학의 여성, 남성 동료들뿐만 아니라, 외부의 여러 학문영역의 연구자들을 초대해서 공동연구를 조직하는 기회가 많아졌습니다. 본래 다영역횡단형의 젠더연구는 공동연구를 조직하는데 적합한 학문입니다.

그러면서 저는 차츰 일상생활이라는 연구대상과 문학연구에서 해왔던 텍스트분석 혹은 언설분석, 그리고 젠더연구, 비교연구를 총합한 저만의 독자적인 수법을 자각하게 되었습니다. 젠더연구는 공영역뿐만 아니라 사영역의 정치문제에도 민감합니다. 젠더연구의 입장에서 보면 일상생활은 정치투쟁과 경제투쟁, 그리고 이데올로기투쟁이 일어나는 중요한 현장입니다. 저는 일상생활연구의 나긋나긋한 언어와 유연한 발견성을 가능한 유지하면서 정치, 경제, 이데올로기문제라는 견고한 테마를 정면에서 임하고 싶습니다.

현재 저의 일상생활연구에 관한 두 개의 기둥은 주거와 도시라는 공간을 대상으로 하는 연구와 일기라는 소재에 흐르는 시간을 연구한 것입니다. 공간론에 있어서도 시간론에 있어서도 계급과 문화(인종), 그리고 젠더가 중요한 분석개념이 됩니다. 공간론과 시간론을 총합하는 것이 앞으로의 저의 과제입니다만, 오늘은 주로 공간에 대해서 이야기하겠습니다. 우선 공간론과 시간론에 관한 저의 작업에 관해서 말하겠습니다. 상세한 것은 아래의 책을 참고해 주십시오.

공간론과 시간론에 관한 니시카와 유코의 저서 :
- 『셋집과 자기소유집의 문학사 : '자기'를 담는 그릇의 이야기(借家と持ち家の文学史―「私」の器の物語)』, (三省堂, 1998).
- 『근대국가와 가족모델(近代国家と家族モデル)』, (吉川弘文館, 2002)

- 『주거와 가족을 둘러싼 이야기 : 남자의 집, 여자의 집, 성별이 없는 방(住まいと家族をめぐる物語―男の家、女の家、性別のない部屋)』, (集英社新書, 2004)
- 『일기를 쓴다는 것 : 국민교육장치와 그 일탈(日記をつづるということ－国民教育装置とその逸脱)』, (吉川弘文館, 2009)

2. 일본형 근대 가족모델과 주거모델의 변천
: 반복되는 이중구조

저는 공간론에 관한 저서에서 일본형 근대가족과 가족의 그릇으로서 주거의 변천을 설명하는 도식을 여러 번 등장시켰습니다. 가족모델의 변화에 따라서 가족의 그릇으로서의 주거모델이 변천한다고 하는 쪽과 이와는 반대로 주거모델에 따라서 가족모델이 좌우된다고 하는 쪽이 있습니다. 가족모델의 변천과 주거모델의 변천은 서로 영향을 주고받으며 다음 단계로 진행합니다. 이 도식은 근대에 있어서 가족에 관한 정책, 통계, 대학교육과 사회교육의 자료, 문학작품, 영화, 만화, 애니메이션 및 주택정책에 관한 통계, 설계자료, 건축사자료, 광고 등의 분석을 통해 제시한 것입니다.

> 일본형 근대 가족과 주거모델 변천의 반복되는 이중구조
> 1920년경에 성립한 구(舊)이중구조
> 가족모델의 구이중구조 : '이에(家)' 가족/ '가테이(家庭)' 가족Ⅰ
> 주거모델의 구이중구조 : '이로리(囲炉裏)¹⁾가 있는 집' / 다실(茶の間)²⁾이 있는 집
>
> 1975년경에 성립된 신(新)이중구조
> 가족모델의 신이중구조 : '가테이' 가족Ⅱ / 개인
> 주거모델의 신이중구조 : '리빙이 있는 집' / '원룸'
> → '셰어 룸(Share room)', '셰어 하우스(Share house)³⁾'를 거친 후 어디로 향할 것인가?

'이에(家)가족', '가테이(家庭)가족'이라는 용어는 저의 조어입니다. '이에'와 '가테이'는 메이지시기 신문잡지에서 대립개념으로 자주 사용됐습니다. 간단히 말하면 '이에'는 친자관계와 선조숭배를 중시하는 이데올로기입니다. '이

---

1) 일본의 전통가옥으로 농가 등에서 방 중앙의 일부를 네모나게 잘라내어 취사용, 난방용으로 불을 지피는 곳이다. '실내 고정식 화롯가'라고도 한다.
2) 차를 마시는 곳으로 넓이가 다다미 네 장 반 정도의 작은 초가집의 형태를 띠고 있다.
3) 다수가 함께 한 집에 살면서 개인적인 공간인 침실은 개별적으로 사용하고 주방과 거실, 그리고 화장실 등은 공유하는 공동주택이다.

에' 비하여 '가테이'는 부부관계와 성애를 중심으로 하는 가족애의 이데올로기입니다. '이에' 가족은 이른바 확대가족이며 '가테이' 가족은 핵가족입니다. 언젠가 한국의 젊은 연구자가 한국의 근대가족에도 같은 모습의 이중구조가 있고, 그것을 명명한다면 각각 '가문(家門)'과 '가정(家庭)'이라고 말한 적이 있습니다.

저는 근대가족의 정의를 '근대국가의 기초단위로 간주된 가족'이라고 생각하고 있습니다. 일본에서는 근대 초기인 1871(메이지 4)년 제정된 호적법과 1898년 시행된 메이지 민법에 의해서 이른바 '이에'제정이 성립되었습니다. 그것에 의하면 '호(戶)=이에'에는 호주, 호주의 직계존속, 배우자, 직계비속 및 가족 외의 여러 육친까지 방계친족이 포함되어 있습니다. '이에'가족에는 남편우선, 장유의 순서라는 차이의 서열화가 있으며, 호주=구가장에게는 구성원에 대한 강력한 호주권, 그것에 대응하는 보호부양의무, 가산의 상속권과 선조를 받드는 제사의무를 포함한 가독상속권(家督相續權)이 주어졌습니다. '이에'제도는 천황가가 일본의 모든 '이에'가족을 통솔하는 종가라고 생각했습니다. '이에'가족은 메이지 국가의 기초단위인 것입니다. 그러나 1945년 일본 패전 후에 발포된 신헌법과 1947년에 개정된 개정민법에 의해 호적은 부부와 그 자식들이 구성원인 '가테이'가족 단위로 편성됩니다. '이에'가족을 대신하여 '가테이'가족이 국가의 기초단위가 된 것입니다.

'이에'가족에서 '가테이'가족으로의 모델 전환은 1945년에 갑자기 시작된 것이 아닙니다. 과도기에 여러 사람들은 '이에가족/가테이가족'의 이중가족으로 살았습니다. 그것은 가족모델의 변천을 가족의 그릇인 주거모델의 변천과 아울러서 생각하면 더욱 잘 이해할 수 있습니다. 저는 앞서 근대가족의 그릇인 주거모델을 4개 제안했습니다.

〈주거모델과 단란함의 스타일〉

'이에'가족의 그릇인 '이로리가 있는 집'과 '가테이'가족 Ⅰ의 그릇인 '다실이 있는 집', 그리고 '가테이'가족 Ⅱ의 그릇인 '리빙이 있는 집'과 개인주택의 그릇인 '원룸'입니다. 각 주거모델의 명칭은 주거하는 곳에서 식사를 하며 단란한 가족이 형성되는 공간의 명칭에서 가져왔습니다. 주택모델은 단선적으로 진화하는 것이 아닙니다. 현재 일본에는 이 4개의 주택이 혼재되어 있습니다.

〈4개의 모델이 혼재하는 일본열도의 풍경〉

〈'이로리가 있는 집'에 사는 확대가족〉

메이지혁명 이후의 '이에'가족은 노동력 재생산단위와 소비 단위, 그리고 가업으로서 농업, 제조업, 상업을 경영하는 경영체로 일종의 생산조직이었습니다. 그러나 생산혁명의 진행으로 인해 가족의 구성원은 차츰 기업에서 일하는 노동력으로 빠져나가게 됩니다, 즉 '이에'가족의 내부에서 노동력시장으로 이동해 간 것입니다. 농촌에서 도시로의 이동, 청년과 장년 노동력의 이동, 그리고 가족의 이동이 시작됐습니다. 차남과 삼남은 호적상으로 구가장인 아버지 또는 맏형의 호적에 속해있지만, 도시로 일하러 가서 도시에서 결혼을 하고 '가테이' 가족을 형성하며 셋집인 '다실이 있는 집'에서 생활을 시작합니다.

〈'다실이 있는 집'은 도시의 셋집으로 보급됨〉

〈'다실이 있는 집' 형태의 셋집이 늘어선 전전(戰前)의 오사카시 지도의 일부〉

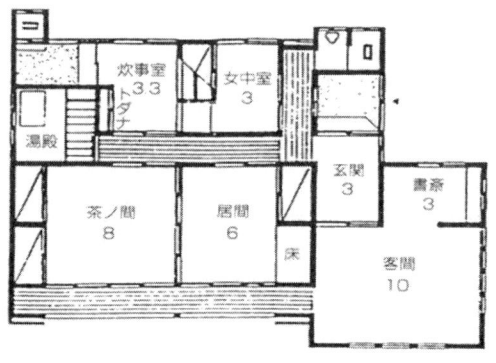

목욕탕, 취사실・찬장, 식모실, 현관, 서재, 객실, 마루, 거실, 다실(맨위 왼쪽부터 시계방향으로)
〈'다실이 있는 집'=안쪽복도(中廊下)[4] 모델의 성립〉

'가테이'가족을 거느린 신가장들은 기업에서 일하는

---

4) 방과 방 사이로 통하는 복도를 말한다.

샐러리맨이 되었습니다. 남편은 가족을 부양할 임금노동의 의무를 아내는 전업주부의 의무를 맡았습니다. 성별분업이 성립한 것이지요. 그러나 '가테이'가족의 경제기반은 아직 약해서 불황, 재해, 전쟁이 일어날 때마다 '가테이'가족의 전원이 셋집인 주거를 방기하고 도시에서 다시 농촌으로 돌아가 구가장인 부친 또는 맏형의 '이로리가 있는 집'으로 귀환하여 '이에'가족에 흡수됐습니다. '이에'와 '가테이'의 이중구조라고 부르는 이유가 바로 이때문입니다. 호경기와 불황이 반복될 때마다 도시와 농촌을 환류(還流)하는 인구이동이 일어났지만, 이중구조의 중심은 차츰 도시로 이동합니다. 도시인구가 늘어남에 따라 '가테이'가족이 보급되어 갔지요.

일본제국의 권역 안에서 조선반도, 대만, 중국대륙으로 식민지를 개척하기 위해 이주한 많은 입식자(入植者)들은 '이에'가족을 거느린 구가장이 아니라, '가테이'가족을 거느린 신가장이었습니다. 그들은 일본국내에서는 빈곤층에 가까운 계층이었지만, 해외 식민지에서는 전업주부가 있는 중산층의 '가테이'가족을 형성하고 가사노동자까지 고용했습니다. 근대 일본의 신중간층이 차츰 두터운 층으로서 형성된 배경에는 일본의 식민지 진출이 있었던 것입니다. 식민지 시대의 유물로 한국에는 '일식주택'이라

불리고 있는 오래된 주택이 많은데, 이 도식으로 말하면 '다실이 있는 집'입니다.

주거의 새로운 이중구조의 하나인 '리빙이 있는 집'에는 '가테이' 가족 Ⅱ의 구성원들이 의자와 테이블 생활을 했습니다. 1945년의 패전직후에 일본의 주요 도시의 대부분은 연합군의 공습을 받아 허허벌판이 됐습니다. 450만 호의 주택이 부족했습니다. 1955년에 설립된 일본주택공단은 국민에게 단시간 내에 대량으로 주택을 공급하기 위한 부흥주택으로서, 최소한의 사이즈로 한 호를 구성한 콘크리트제의 고층집합주택을 만들었습니다.

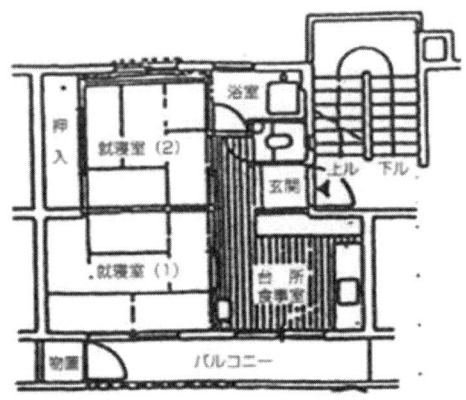

벽장, 취침실(2), 욕실, 현관, 부엌, 취침실(1), 발코니, 창고(맨위 왼쪽부터 시계방향으로)
〈공단주택 2DK[5]〉

---

5) 두 개의 방과 식당 겸 부엌으로 구성된 주택을 말한다. DK: Dining

〈불탄자리의 부흥은 콘크리트제의 고층집합주택으로 건설〉

불탄자리의 부흥기 이후에 고도경제 성장기가 찾아와서 인구는 점점 더 농촌지대에서 도시로 집중됐습니다. 그 인구를 수용하기 위해서 1960년대 후반부터 1970년대 전반에 대·중도시의 교외에 뉴타운이 건설됐지요. 뉴타운의 주택은 단독주택도 고층집합주택내의 한 호도 모두 '리빙이 있는 집' 모델에 따라서 설계됐습니다.

Kitchen

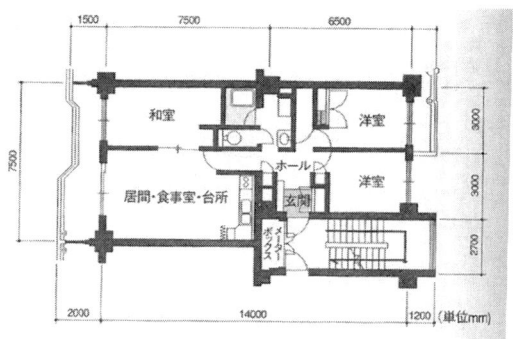

화실(일본식 방), 양실, 양실, 홀, 현관, 미터박스, 거실·식사실·부엌(맨위 왼쪽부터 시계방향으로)

〈'리빙이 있는 집' 모델의 창출, 3LDK설계. (3LDK의 평면도, 『신판가정일반 : 새로운 가정의 창출을 목표로 하다』 (実教, 1988))〉

〈1960년대 후반 – 1970년대 전반, 최초의 교외 뉴타운 건설〉

주택공급은 1975년경에 '1세대 1집' 이라는 목적을 실현한 후에, '1인 1방'이라는 독실의 실현을 목표로 했습니다. 리빙룸이라는 가족 단란 공간은 실은 가족 구성원 각자가, 특히 어린아이들이 독실이라는 프라이버시한 개인공간에 관심을 가지게 되었기 때문에 가족이 모두 모일 수 있는 공동공간의 필요성에 의해서 만들어진 것입니다. '리빙이 있는 집'은 대부분 콘크리트의 벽으로 보호되어 있어서 공공의 공간인 거리로부터 견고한 문짝을 닫고 있습니다.

    이를 통해 똑같이 부부와 그 아이들로 구성된 '가테이'가족에서 Ⅰ과 Ⅱ의 구별이 있는 이유를 알 수 있습니다. '다실이 있는 집'의 '가테이'가족 Ⅰ의 구성원은 원칙적으로 가장만이 서재라고 불리는 독실을 가지고 다른 구성원은 독실을 가지지 못합니다. 식사를 하면서 가족의 단란을 도모하는 '다실'이라는 명칭의 방은 밤이 되면 접이식 밥상을 정리하고 가족공동의 침실로 변모합니다. 그러나 20세기후반에 보급된 '리빙이 있는 집'에는 가족 구성원의 독실 취침이 원칙입니다. 따라서 '리빙이 있는 집' 모델에 사는 '가테이'가족 Ⅱ는 메구로 요리코(目黑依子)라는 연구자의 용어를 인용하면 '독실을 가진 개인화 가족'입니다. 여기에 바로 새로운 이중구조가 성립하는 계기가 있습니다.

〈'원룸'모델 제1호 : 맨션·도·와세다의 외관〉

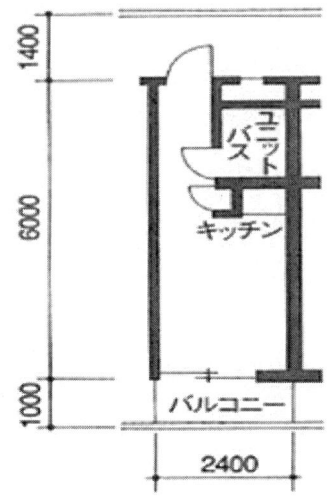

유닛베스(Unit bath)[6], 키친, 발코니(맨위부터 아래쪽으로)

〈16.5평방미터 모델 창출과 대중화 '원룸'모델〉

---

6) 세면기, 욕조, 변기가 함께 있는 형태를 뜻한다.

1976년에 도쿄도내 와세다 대학부근에는 '맨션·도·와세다'라는 명칭의 '원룸' 맨션이 출현했습니다. 16.5평방미터의 극소개인주택공간으로 작은 부엌과 욕실과 그리고 화장실이 실내에 장치된 고층집합내의 임대주택이었습니다. 원룸맨션은 임대주택시장에 빠르게 보급되어갔습니다. 제가 대학에서 가르친 지방출신 학생들의 대부분도 '원룸'에 살고 있었지요.

학생들의 부모가 사는 '리빙이 있는 집'과 학생이 사는 '원룸'은 부모들이 아이들에게 생활비를 송금하고 식료품을 택배로 붙이는 등 사람의 왕래에 의해서 연결되어 있기 때문에 하우스홀드(household)로서의 세대구별이 애매합니다. '리빙이 있는 집'과 '원룸'은 이중구조로 되어있으며, 학생은 이중의 소속의식을 가지고 있습니다. 만혼으로 인해 주민의 '원룸' 체재기간은 차츰 장기화되고 있습니다. 그들이 앞으로 결혼한다면 '가테이'가족을 재생산할지 어떨지에 대한 예측은 불가능합니다.

4개의 주거모델 사이에서 전개된 생활변화를 가족모델, 주거공간의 관할주체, 취침형태, 단란한 식사형태, 조리장소, 배설장소, 목욕공간, 광열과 물 등의 항목으로 나눠서 기술하면 생활변화의 동태를 예측할 수 있습니다.

⟨주거공간과 일상생활의 변천⟩

변화항목 주택모델	가족모델	주거공간의 관할주체	취침형태	단란한 식사형태	조리장소	배설장소	목욕공간	광열과 물
1925년경 / 이로리가 있는 집	'이에'가족	구가장	다양한 편성의 공동취침	이로리에 밥상을 나란히 놓은 서열석	부엌・토방	옥내・옥외의 푸세식 변소	옥외 설치	장작・우물물・호롱
1975년경 / 다실이 있는 집	'가테이' 가족①	신가장	주부와 아이들이 공동취침	접이식 밥상에 둘러앉는 원형식	부엌	옥내의 푸세식 변소	공중목욕탕 내지 실내목욕통	수도・전기 내지 화덕・가스
리빙이 있는 집	'가테이' 가족②	주부	주부와 아이들이 따로 취침, 아이들 성별에 따라 취침	테이블을 둘러싸고 텔레비전에 시선집중	키친	수세식 화장실	실내욕실	수도・전기・가스
원룸	개인	개인	단독취침	작은 테이블	미니키친	수세식 화장실	실내욕실・화장실	수도・전기・가스

여기서 일본형 근대 가족모델과 주거모델 변천의 특징을 정리하겠습니다.

1) 국가정책, 신문잡지의 사회교육에 의한 모델형성이 실태에 선행하였다.
2) 전환기에는 이중구조와 이중소속의식에 의해서 약간의 조정이 실시됐다.
3) 모델변화 파급의 속도와 철저도가 뚜렷하다.
4) '가테이' 가족에 수반하는 일부일처 영속혼인 이데올로기가 유효했던 기간은 1920~75년경으로 겨우 2세대에 지나지 않았다.

가족모델과 주거모델의 이중구조가 반복되는 도식은 이미 알고 있듯이 사회변동에 의한 생활과 가치관의 변화를 정태로서 파악하는 것이 아니라, 그 모순을 변동의 계기로 파악하고 그 역동성을 포착하는 동태도식인 것입니다.

생활사의 입장에서 보면, 일본형 근대에 있어서 20세기전반 제국에 의한 식민지경영과 전쟁이 제1기, 20세기 후반의 고도경제성장과 아시아·아프리카 제국으로의 경제 진출이 제2기의 사회변동과 의식변혁이 진행된 시기였습니다. 현재는 제3의 변혁기라고 말해도 좋지 않을까 합니다. 고도경제성장의 파탄에 대한 반동과 반성이 앞으로 어떤 의식변혁을 가져올지 아직 확실하지는 않습니다.

주택역사의 큰 변화를 예감한 키워드가 현재의 '셰어룸' 또는 '셰어 하우스'라고 하는 유행어에 담겨있다고 생각합니다. 셰어라는 키워드에서 소유와 소유 과시에 대한 포기가 느껴졌습니다. 사실 현대 일본 젊은 사람들의 대부분은 경기침체의 장기화로 인해 장래를 위한 생애자금의 축적과 연금보장을 기대하는 것이 불가능한 상황에 있습니다. 대량생산, 대량소비에 의해서 경기를 상향시키고 가족을 재생산한다는 보장도 없기 때문에 그들은 개인화의 막다른 길까지 헤매다가, 결국 독립한 개인끼리 새로운 형태의 연대를 조용히 모색하고 있습니다. 닫혀있었던 작은 주거공간을 확보한 후에는 이 공간을 가능한 한 안전하게 열고 거리로 나와서 타자와 연결될 필요가 있다고 생각하는 젊은 사람들이 늘고 있습니다. 저는 인생의 남은 시간동안 이 모색의 행방에 대해서 끝까지 주시하고 싶습니다.

3. 문학에 나타난 생활사

강연 예정시간의 막바지에 이르렀는데, 전단과 포스터에서 내걸고 있었던 '문학에 나타난 생활사'라는 주제를 언제 이야기할까라고 생각하시는 분이 계실 겁니다.

앞서 얘기했던 가족모델과 주거모델의 변천 도식은 역사학, 사회학, 인류학의 연구자분들에게 주목받았을 뿐만 아니라, 이 도식을 발표하고 나서 건축가와 도시설계에 종사한 연구자들로부터 여러 번 문의가 있었으며, 공동연구자로 참여해 달라는 권유를 받았습니다. 현재는 그들과 함께 주택론 다음에 온 도시론, 그 중에서도 뉴타운

연구를 하고 있습니다. 그 반면, 역사가들로부터 이 도식은 변화의 동태를 잘 설명하지만 변화에 동반하여 발생한 모순과 갈등이 보이지 않는다는 비판을 받았습니다. 이러한 비판은 200년에도 이르지 못하는 일본형 근대의 시간 속에서 거듭되는 가족모델과 주거모델의 변천이 있었기 때문에 제기된 것입니다. 물론 원활한 추이로 가족과 주거모델이 변천한 적은 없습니다.

앞서 진술했듯이 '가테이'가족 Ⅰ은 20세기 전반 일본 제국의 식민지 진출과 전쟁으로 인하여, '가테이'가족 Ⅱ는 20세기 후반 경제대국 일본의 제3세계로의 경제 진출의 행위주체로서, 즉 군사전쟁과 경제전쟁의 전선에 있었기 때문에 모순과 갈등은 늘 존재했습니다. 가정교육은 학교교육과 함께 가족이데올로기 재생산의 역할을 담당했습니다. 일상생활이 전개된 사영역이야말로 정치, 경제, 사상투쟁의 장소였기 때문에 사람들은 일상생활에서 싸워가며 상처를 받아왔던 것입니다.

종래의 역사학의 수법으로는 사영역의 정치, 경제, 사상투쟁을 그리는 것이 어렵습니다. 그러므로 사회사 또는 신역사학이라고 불리는 분야에서는, 프랑스어로는 '망탈리테(mentalité)' 일본어로는 '심성(心性)'이라고 불리는, 요컨대 그 시대의 사람들의 마음 본연의 자세가 중시되었던 것입니다. 저는 일본형 근대에 있어서, 공영역인 저널리즘의 발전과 함께 사영역인 개인의 내적갈등이 역사학뿐만 아니라 문학, 특히 소설 속에서 묘사되어왔다고 생각합니다. 이러한 아이디어에 착안하여 나온 것이『셋집과 자기소유 집의 문학사』입니다. 이 책은 일본어문학 가운데서 100여 편에 가까운 소설을 채택해서 소설의 무대인 주거공간에서 펼쳐진 인간드라마에 주목하여 이를 한 편의 대하드라마로 해석한 것입니다.

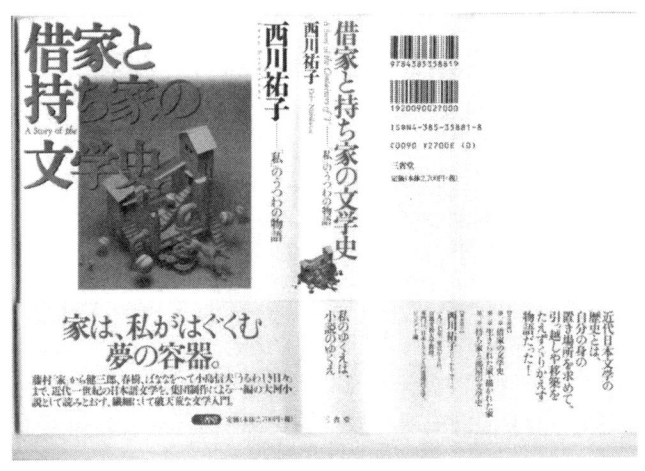

〈셋집과 자기소유집의 문학사〉

이 책을 담당했던 편집자는 책 표지 띠 겉면에 "시마자키 도손(島崎藤村)7)의 「집(家)」에서 오에 겐자부로(大

江健三郎)⁸⁾, 무라카미 하루키(村上春樹)⁹⁾, 요시모토 바나나(吉本ばなな)¹⁰⁾를 거쳐 고지마 노부오(小島信夫)¹¹⁾의 「아름다운 날들(うるわしき日々)」까지 근대 1세기의 일본어 문학을 총체적 시각에 의해 한편의 대하소설로 통독한, 섬세하면서 유례없는 문학입문"이라고 적고, 띠 뒷면에는 "근대일본문학의 역사는 자기자신을 보관할 장소를 구하고, 이전과 이축을 끊임없이 반복하는 이야기였다"라는 긴 설명문을 붙였습니다. 『셋집과 자기소유 집의 문학사』는 등장인물들의 가족과 주거를 구축한 이야기를 통해 정주에서 이동의 측면을 보는 것이 아니라, 역설적으로 이동의 측면에서의 장소를 그렸기 때문에 인구이동을 그린

---

7) 시마자키 도손(1987-1943)의 주요작품으로는 「일엽주(一葉舟)」(1987), 「파계(破戒)」(1906), 「집(家)」(1911) 등이 있다.
8) 오에 겐자부로(1935~)는 「만연원년의 풋볼(万延元年のフットボール)」(1967)로 1994년 노벨문학상을 받았다. 이 책에서는 「개인적 체험(個人的な体験)」(1964)을 분석하고 있다.
9) 무라카미 하루키(1949~)의 주요작품으로는 「상실의 시대(ノルウェイの森)」(1987), 「해변의 카프카(海辺のカフカ)」(2002) 등이 있다. 이 책에서는 「패밀리 어페어(ファミリー・アフェア)」(1985)를 분석하고 있다.
10) 요시모토 바나나(1964~)의 주요작품으로는 「키친(キッチン)」(1988), 「티티새(TUGUMI)」(1989) 등이 있다. 이 책에서는 「키친」을 분석하고 있다.
11) 고지마 노부오(1916-2006)의 주요작품으로는 「포옹가족(抱擁家族)」(1965), 「우화(寓話)」(1987) 등이 있다.

대하소설처럼 보입니다. 오늘 이야기의 내용은 이 책의 소개와 이후의 작업입니다.

일본근대문학에는 '사소설'이라고 부르는 특별한 장르가 있습니다. 사소설은 1인칭기술 '나'로 기술이 되거나 주인공의 이름, 예를 들면 시마자키 도손의 소설 「집」(1911년)에서 미요시의 행동과 심리가 제3인칭으로 기술되어 있더라도, '소설 주인공=소설의 작가'라는 전제 하에, 소설 속에 묘사된 등장인물의 행동과 심리는 거의 그대로 작가가 취한 행동과 심리라고 봅니다. 저는 대부분의 사소설은 남성작가가 '이에'를 나와서, '가테이'가족을 거느린 신가장이 되기까지의 고난과 고뇌를 그린 이야기라고 생각합니다. 도손의 「집」의 주인공인 미요시(三吉)라고 하는 이름의 한자는 그가 장남이 아니라 삼남으로 태어났다는 것을 보여주고 있습니다. 상권은 미요시가 장형의 '이에'에서 독립하여 '가테이'가족을 구축한 이야기이며, 하권은 미요시가 '가테이'가족을 거느린 신가장이 되어서 수도 도쿄의 셋집에서 살면서 아내라는 개인, 요컨대 자기에게 있어서의 타자를 발견하고 고뇌하는 신시대의 이야기입니다.

그렇다면 남성작가들이 사소설에서 신가장에 의한 '가테이' 가족형성의 고투와 고민을 그려가는 사이 여성작

가는 무엇을 그려 왔는가? 여성작가들은 아버지의 이에와 남편의 가테이에서 가출하는 이야기를 그렸습니다. '가출소설(家出小説)'이라는 명명은, 사실 1950년대 중·고교생이었던 저와, 저의 동급생이었던 문학소녀들이 20세기전반의 여성작가들의 작품군을 칭해서 부른 이름이었습니다. 좌익적인 프롤레타리아 소설 작가였던 미야모토 유리코(宮本百合子)[12], 사타 이네코(佐多稲子)[13], 히라바야시 다이코(乎林たい子)[14]랄지, 모더니즘 시와 소설을 썼던 오

---

12) 미야모토 유리코(1899-1951) 17세에 「가난한 사람들의 무리(貧しき人々の群)」(1916)로 문단에 등장, 천재소녀로 주목을 받았다. 1930년 일본프롤레타리아작가동맹(NALP)에 가입, 프롤레타리아 문학운동에 참가하였으며, 1931년 일본공산당에 입당하였다. 프롤레타리아 문학 작가, 민주주의문학의 리더로서 활약했다. 주요저서로는 「노부코(伸子)」(1924), 「풍지초(風知草)」(1946) 등이 있다. 이 책에서는 「가난한 사람들의 무리」를 분석하고 있다.
13) 사타 이네코(1904-1998) 1928년 「캐러멜 공장에서(キャラメル工場から)」를 발표하고 프롤타리아 문학 작가로 인정받았으며, 1932년 일본공산당에 가입했다. 전후 미야모토와 함께 '부인민주그룹'을 창립하여 전후민주화 운동에 공헌했다. 주요저서로는 「여성의 언어(女性の言葉)」(1940) 「나의 도쿄지도(東京地圖)」(1949) 등이 있다. 이 책에서는 「나의 도쿄지도」를 분석하고 있다.
14) 히라바야시 다이코(1905-1972) 1927년 「시료실에서(施療室にて)」를 발표하고 프롤레타리아 작가로서 인정받았다. 전향작가로 전후에는 반공적인 색채를 띤 작품을 발표하기도 했다. 1946년 「이러한 여자(かういふ女)」로 제1회 여류문학자상을 수상했다.

사키 미도리(尾崎翠)15), 하야시 후미코(林芙美子)16), 우노 지요(宇野千代)17)랄지, 당시의 소녀들은 사상 경향과 장르의 다름과 상관없이, 가출 후 대도시의 셋집, 아파트 등 일시적으로 체류하는 거처지를 옮기면서 자신의 인생을 개척한 여성들의 이야기에 매료되었습니다. 이러한 이야기를 한데 묶어 '가출소설'이라고 불렀습니다. 여성작가의 가출소설이 남성작가들보다 신가장의 가테이 건설 이야기의 이면을 잘 간파하고 있었습니다. 신가장들은 적어도 재산을 소유한 가족을 이끄는 시민, 즉 근대적 개인이 되어가고 있었습니다. 반면 소녀들은 남성작가들의 자아의 근거가 되는 사영역, 즉 가정에서 여성의 자아가 봉해질 수 있다는 것을 알고 있었습니다.

전후문학의 대표작가인 고지마 노부오의 「포옹가족(抱擁家族)」(1965년)은 아내와 젊은 점령군 병사와의 정사

---

15) 오사키 미도리(1896-1971)의 주요작품으로는 「무풍대에서(無風帶から)」(1920), 「행보(行步)」(1931) 등이 있다. 이 책에서는 「제7관계방황(第七官界彷徨)」(1931)을 분석하고 있다.
16) 하야시 후미코(1903-1951)의 주요작품으로는 「청빈의 서(淸貧の書)」(1931), 「뜬구름(浮雲)」(1949) 등이 있다. 이 책에서는 「밥(めし)」를 분석하고 있다.
17) 우노 지요(1897-1996)의 주요작품으로는 「색참회(色ざんげ)」(1933), 「행복(幸福)」(1970)등이 있다. 이 책에서는 「이별도 즐거워(別れも愉し)」(1930)를 분석하고 있다.

사실을 알게 된 주인공이 붕괴직전의 가족생활을 다시 시작하기 위해서, 언덕 위에 미국보다도 더 미국적인 하얀 주택을 건설하는 이야기입니다. 저는 이 소설을 '가테이' 가족이 '다실이 있는 집'에서 '리빙이 있는 집'으로 옮기기 위해 고난과 갈등을 겪는다는 이야기로 읽었습니다. 아내와 점령군인과의 정사는 연합군에 의한 일본점령의 비유입니다. 남편으로서의 굴욕감을 극복하는 수단이 미국보다도 더 미국적인 주택을 건설한다는 식의 비유 또한 전후 일본이 국가재건을 도모하고, 이번에는 군사전쟁이 아닌, 경제 전쟁으로 경제대국 미국에 다가가 대국이 되려고 하는 욕망을 비판적으로 묘사하고 있는 것이라고 생각했습니다. 저는 이 소설에 대해서 공감과 반감이라는 상반되는 감정을 가지고 있습니다. 비유가 탁월한 것은 인정합니다만, 동시에 국가와 민족의 대립, 이른바 국가 간의 우열이 언제나 성적이미지, 특히 강간과 간음의 이미지로 말해진 것에 대한 혐오가 있기 때문입니다. 남성작가는 아내와 딸의 인간성이 상처 받을 수 있다는 사실에 항의하는 것보다, 가부장적인 입장에서 아내와 딸에 대한 자신의 소유권을 침범 당했다는 것에 분노하고 있었습니다.

　'이에'가족에서 '가테이'가족으로 독립하는 과정에서

발생하는 고난과 고민을 그린 대량의 소설이 생산·소비된 후, 이번에는 '가테이'가족에서 독립하여 '리빙이 있는 집'으로, 그리고 '리빙이 있는'에서 가출한 개인이 '원룸'이라는 장소를 거쳐서 다음은 어디로 향할 것인가라는 주제가 생겼습니다. 이 주제는 물론 여성작가들이 채택하고 있습니다. 스시마 유코(津島佑子)[18]의 「빛의 영역(光の領分)」(1979년)은 남편과 헤어진 후 홀로된 모친이 '리빙이 있는 집'을 나와서 딸과 함께 빌딩 최상층인 원룸의 방에서 보낸 1년간의 생활을 12개의 단편연작으로 그린 작품입니다. 육아에 필요한 가족의 지원을 잃은 어린 여성이 살아가기 위해서는 자력으로 직장, 보육원, 생가의 모친, 친구들 등으로 이루어진 지원 네트워크를 형성할 필요가 있었습니다. 어머니와 딸은 둘이서 작은 주거에 틀어박혀 있는 것이 아니라, 직장, 보육원 그리고 식당과 휴식의 장소를 찾아서 매일같이 거리를 걷습니다. 어머니와 딸의 생활공간으로 주택과 방뿐만 아니라 거리가 그려지고 있는 것입니다. 여기서 인간은 주거에 사는 것보다도 거리

---

[18] 스시마 유코(1947~) 다자이오사무의 장녀로 태어났다. 1971년 첫 번째 작품집 「사육제(謝肉祭)」를 간행했다. 이 시기에는 주로 모자가정을 소재로 하여 작품 활동을 했다. 주요작품으로는 「불의 산(火の山)」(1998), 「웃음늑대(笑いオオカミ)」(2000)가 있다. 「빛의 영역」으로 1979년 제1회 노마문예신인상을 받았다.

에 머문다고 하는 주장을 읽어낼 수 있습니다.

여성작가들은 결혼과 친자관계에서 성립하는 종래의 가족이 아니라, 가족의 형태를 새롭게 모색합니다. 도미오카 다에코(富岡多惠子)[19]의 소설 「백광(白光)」(1987년)의 주인공은 산중에서 성애를 속박 당했지만, 타인끼리 모인 가족을 만들어서 어디선가 아이를 탈취해 올 계획을 세웁니다. 또한 요시모토 바나나의 소설 「키친(キッチン)」(1987년)에서 주인공의 모친은 여장을 한 남성입니다. 주인공은 성관계가 아닌 함께 식사를 하는 가족을 형성하려고 합니다.

현실에 있어서도 주택건축이 '원룸'이라는 개인화의 궁극에 도달했을 때, 이다음에 나아가야 할 방향을 찾아야 합니다. 부부와 친자가 아니라 타인끼리 방과 주택공간을 서로 공유하는 셰어룸·셰어하우스를 무대로 한 작품은 만화와 만화에 가까운 소설인 라이트노벨(ライトノベル)[20], 또는 휴대소설[21]이라고 하는 장르로 퍼지기 시

---

19) 도미오카 다에코(1935~) 시작활동을 하다가 1970년부터 소설을 쓰기 시작했다. 시나리오 평론 등 다양한 분야에서 활동하고 있다. 주요저서로는 「반례(返礼)」(1958), 「식물제(植物祭)」(1973) 등이 있으며, 공저로는 『남류문학론(男流文學論)』이 있다.
20) 라이트노벨 (LightとNovel)은 영단어 Light와 Novel의 합성어로 일본의 하위문화에서 생겨난 장르이다. 경문학 또는 경소설로 표기되는 경우도 있다. 대부분 문고판 판형으로 판매되고 있으

작했습니다. 주택공간에 틀어박혀서 길이 막혀버린 공간이 '닫다' '구분 짓는다'라는 용어로 표현되었다면, 이번에는 '열다' '연결짓다'를 찾는 심성이 생겨나고 있다고 여겨집니다. 그곳에서 어떠한 문학작품이 생겨날까요?

4. 히로시마와 후쿠시마 사이를 그린 대하소설은 생겨날까.

일본어로 쓰인 주거를 무대로 한, 가족의 드라마를 그린 대량의 일본소설을 하나의 대하소설로 읽은 이후, 이제부터 제가 읽고 싶은 새로운 대하소설에 관한 공상을 이야기하고 오늘의 강의를 마무리하겠습니다.

2011년 3월 11일에 동일본 대진재와 후쿠시마 원자력 발전소의 사고가 일으킨 대재해는 한 시대를 마감하는 사건이었습니다. 기록의 작업이 여전히 진행되고 있지만,

---

며, 초기에는 중고등학생이 대상이었으나 현재는 30대까지 확대되고 있다고 한다. 연애, SF, 호러, 미스터리 등 다양한 장르를 포함하고 있다.
21) 게이타이(ケイタイ) 소설이라고도 불린다. 휴대전화로 쓴 소설로 휴대폰용 사이트에서 볼 수 있다. 2000년대 청소년 문화로 주목받고 있다.

이 사건을 그린 문학작품이 나타날지 그렇지 않을지는 아직 모르는 일입니다. 한 시대와 함께 이른바 문학과 회화라는 표현형태 자체가 종말에 이를 가능성도 있기 때문입니다.

원발(원자력 발전소) 재해의 보도사진을 반복해서 본 후, 저의 머릿속에는 폭발로 일그러진 뼈대를 타인의 눈에 드러내고 있는 후쿠시마 원발의 건물 이미지가 강한 인상으로 남았습니다. 그 내부에는 멜트다운(meltdown)이 시작되고 있었습니다만, 저희들에게는 그 사실이 전혀 알려지지 않았지요. 그런데 이 폭발한 건물을 성공적으로 묘사한 회화가 있습니다.

〈「내일의 신화」의 낙서〉

어느 날, 도쿄의 이케부쿠로역에 있는 오카모도 다로

(岡本太郎)22)가 오사카박람회를 위해 제작한「태양의 탑(太陽の塔)」23) 과 한 쌍인 히로시마・나가사키를 소재로 한 벽화「내일의 신화(明日の神話)」(1967년)24)에 낙서가 있다는 두서너 줄의 보도가 신문에 실렸습니다. 정확하게는 낙서가 아니라 벽화「내일의 신화」의 위쪽 아래, 오카모도 다로가 수소폭탄실험으로 피폭된 일본의 어선인 다이고후쿠류마루(第五福竜丸)25)를 그렸던 부분의 옆에, 후쿠시마 원발사고의 건물을 그린 합판이 몰래 새로 지어져 있었습니다. 합판은 즉시 철거되어, 제가 텔레비전뉴스에

---

22) 오카모도 다로(岡本太郎, 1911-1996)는 1929년부터 1940년까지 프랑스에서 보냈다. 주로 추상미술운동이나 초현실주의 운동에 가담하였다가, 태평양전쟁 후에는 적극적으로 회화와 조각 작품을 제작하였다.
23) '태양의 탑'은 오카모도 다로가 1970년 오사카 엑스포 회장에 전시한 조각작품이다. 미래를 표시하는 상부의 황금 얼굴과 현재를 표시하는 정면 동체부의 태양의 얼굴, 그리고 과거를 나타내는 배면의 검은 태양으로 구성되어 있다.
24) '태양의 탑'과 한 쌍을 이루는 작품으로 원자폭탄이 터지는 순간을 표현한 거대한 벽화작품이다. 시부야 역에 영구 설치되어 있으며 평소 오카모도의 뜻에 따라 작품에는 보호유리가 설치되어 있지 않다.
25) 1953년 3월 1일 미군의 수소 폭탄 실험에 의해서 발생한 다량의 방사성 강화물(죽음의 재)에 피폭당한 참치어선의 이름이다. 배에 타고 있었던 23명은 특별한 외상은 없었으나, 갑작스런 건강 악화로 여러 가지 질병에 시달렸다. 당시 선원이었던 구보야마 아이키치(保山愛吉)는 반년 후인 9월23일에 사망했다.

서 히로시마를 그린 벽화「내일의 신화」와 후쿠시마를 그린 합판의 합체화면을 본 것은 한순간에 지나지 않았습니다. 그러나 그 한순간이「내일의 신화」를 원곡으로 한 패러디 작품을 낳았습니다. 제가 보기에는 히로시마·나가사키를 그린「내일의 신화」가 '히로시마에서 후쿠시마 사이'라는 작품으로 다시 태어난 듯합니다. 원폭에 의한 피폭과 원발로 지구의 대기와 바다를 오염시킨 가해를 동시에 그린 회화입니다. 비록 한순간이었지만, 이 패러디 작품을 통해 저는 '원폭=원발'이라는 사실을 은폐하기 위해 '원자력의 평화이용'이라는 속임수의 언설을 사용해왔다는 것을 알게 되었습니다.

　　동북 대진재의 영상에서 대부분의 가옥은 쓰레기 더미로 변하고 원발주변에서 수많은 가옥은 폐허가 되었습니다. 많은 자동차와 가전제품이 쓰레기 더미로 쌓여져 있는 장소를 보았는데, 사실 이러한 것을 모두 소유할 필요는 없었습니다. 세어로 충분하다고 중얼거리는 젊은사람들이 있었습니다. '히로시마와 후쿠시마 사이'라고 한 테마는, 두 번에 걸친 문명의 파산을 본 후 우리들은 어디로 향할 것인가라는 과제를 던져주었습니다. 패전 후의 일본은 가족재편에 의한 국가재편을 실행하였고, 이번에는 폐허 속에서 건설된 허영의 도시가 다시 폐허로 변하는 경우를 보았습니다. 페미니즘에서 주장하는 '사적인 것은 정치적인 것이다'라는 말이 있습니다. 만약 '히로시마와 후쿠시마 사이'라고 하는 대하소설이 쓰이면 거기에는 수많은 주거를 무대로 하여, 사영역에 있어서의 정치·경제·사상의 투쟁이 그려질 것입니다. 저는 남은 인생 동안에 이러한 얘기를 담은 한 편의 대하소설을 읽고 싶은 바람이 있습니다. 그럼 여기서 저의 강연을 마무리하겠습니다. 경청해 주셔서 감사합니다.

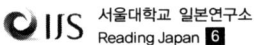

질의 응답

- 현재는 가족의 구성에 있어서 인간관계 자체가 혈연이 아닌 남남끼리의 공동생활이 증가하고 있는 시대라고 할 수 있습니다. 여기서 시대에 필요한, 시대가 요청하는 공간의 방식이 어떠한 설계도로 그려질지, 또는 공간을 건설하는 방법으로 어떠한 것들이 나타나고 있는지에 관해서 생각해 보시거나 알고 계신 게 있으신지요?

질의 응답

사회자 : 안녕하세요. 저는 사회를 맡은 일본연구소의 HK 연구교수 서동주라고 합니다. 제가 이해한 바로는, 집이라는 공간과 가족이라는 인간집단의 결합을 역사적으로 돌이켜볼 때, 집과 가족의 결합이 변하면서 우리의 의식도 거기에 맞춰서 변해왔는데, 앞으로도 이러한 변화의 행방이 어떻게 진행 될 것인가가 우리들의 과제라고 말씀하신 것 같습니다. 마지막으로 3.11 대진재에 관한 이야기를 했습니다. 이 문제는 재난으로 인해 지금까지 살고 있던 집을 떠날 수밖에 없었던 사람들에게 주거라는 문제가 과연 그 사람들만의 문제일까, 그렇지 않으면 큰 재난으로부터 자유로운 것이 불가능한 우리들 주거의 운명일까, 이러한 복잡한 감상도 내포하고 있다고 생각합니다. 그럼,

이 정도로 정리하고 여러분들의 질문을 받겠습니다. 시작해 주십시오.

Q. 그럼, 제가 먼저 말씀 드리겠습니다. 저는 HK교수 조관자라고 합니다. 니시카와 나가오(西川長夫)[1]선생님도 이 자리에 참석해 주셨는데요, 우선 연구소 사람들에게 선생님을 니시카와 나가오 선생님의 아내이자 문학연구자로 소개했습니다. 하지만 오늘 강연에서는 문학과 여성학, 그리고 사회사를 연계하는 학제 연구의 방법론에 대해서 배울 점이 많았습니다. 저는 우선 가족과 공간의 변화 양상에 대해 여쭙고 싶은 것이 있습니다. 최근의 가족관계는 부부관계에서 독신(원룸)생활로 또는 공간을 셰어한 인간관계로 변화하고 있습니다. 한국도 독신생활을 하는 사람이 증가하고 있지요. 재혼이 증가하면서 배우자의 아이들과 함께 살고 있는 경우가 많아지고 있습니다. 가족 구성에 있어서 인간관계 자체가 혈연이 아닌 남남끼리의 공동생활이 증가하고 있는 시대라고 할 수 있

---

[1] 니시카와 나가오(1934-) 리쓰메이칸대 선단종합학술연구과 교수. 주요저서로는 『국민이라는 괴물』(1998), 『국경을 넘는 방법』(2001) 등이 있다.

습니다. 여기서 시대에 필요한, 시대가 요청하는 공간의 방식이 어떠한 설계도로 그려질지, 또는 공간을 건설하는 방법으로 어떠한 것들이 나타나고 있는지에 대해서 생각해 보거나 알고 계신 게 있으신지요?

A. 제가 이중구조라는 것을 쓰고 나서부터, 건축가로부터 다른 논문도 보여달라거나 자신의 의견과 완전히 일치한다는 등의 편지를 받았습니다. 주택공단을 예로 들면, 도쿄에는 새로운 고층건물이 있습니다. 그 중심에는 야마모토기켄(山本技研)이라는 건축회사가 세운 집합주택이 있습니다. 이 건물의 특징은 각 집의 문을 투명하게 하는 것입니다. 내부의 화장실도 욕실도 전부 투명한 문이지요. 대부분의 사람들이 그런 집에서는 살 수 없다고 말했습니다. 그런데 실제로는 거기가 제일 선택률이 높았습니다. 저는 주택공단과 같은, 즉 도시의 차갑고 무거운 철로 된 사립문을 보고 어린아이들의 손이 끼어서 손가락뼈가 절단될까봐 늘 걱정했었습니다. 도대체 왜 이렇게 무거울까라고 생각했지요. 한 번은 대낮에 권총 사건이 있었습니다. 사건은 이러했지요. 철로 된 사립문에 깡패가 들어갔습니다. 그 상황이 궁금한 카메라맨들이

문 앞에서 기다렸습니다. 한 남자가 문을 열려고 했지만 열리지 않았습니다. 그래서 어떻게 했냐면, 문의 넓은 창문에 창살이 달려있었는데, 그것을 힘껏 흔들어서 끌어당겼더니 떨어졌습니다. 그 후 한발의 총소리가 들렸지요. 그 상황을 카메라맨이 찍었던 겁니다. 전 이것을 보고 이렇게 손쉽게 빠져 버릴 거면, 철로 된 사립문이 있어도 별 소용이 없다는 생각이 들었습니다. 철로 된 사립문은 기능성 때문에 설계된 것이 아니라 맨션의 복도와 마찬가지로 공공의 공간을 과시하는 기호라고 생각합니다. 논문에 이것을 쓴 적이 있는데, 건축 쪽 관계자분이 자신의 생각과 일치한다며 작업실에 설계도를 보러 오라고 해서 다녀온 적도 있습니다. 그 후 건축가분들과의 교류가 시작되었습니다.

지금은 공적인 것과 사적인 것의 구분을 연구하고 있습니다. 독실이 가능한 이유가 여기에 있습니다. 옛날에는 가장이 모든 것을 바라볼 수 있도록 구조화되어 있었습니다. 폐쇄된 공간, 가령 헛간은 처형을 할 때랄까, 있어서는 안 되는 사람을 들이는 공간이었습니다. 요컨대 독실은 악의 공간이었지요. 그런데 지금은 리빙룸이 생기고 아이들의 방까지 있습니다.

아이들은 방에 들어가서 방문을 잠가버리더군요. 부모가 문을 두드려도 열지 않습니다. 이때 비로소 리빙의 설계가 중요하게 됩니다. 방금 전과 같이 거의 모든 주거는 철로 지은 사립문으로 굳게 닫힌 집합주택입니다. 이는 감옥의 설계와 동일한 것입니다. 그것을 어떻게 열 수 있을까에 대한 고민이 시작됐지요. 설계의 키워드는 공공적인 것과 개인적인 것 사이에 있는 공통의 공간을 어디에 어떻게 만들까, 어떤 단위의 사람이 공유할 수 있는 공간을 만들 수 있을지에 관한 것입니다.

진재시기에 건축계는 대동원됩니다. 가설주택의 설계를 하지요. 주택을 어떻게 늘어놓을지, 늘어놓은 주택을 어떤 식으로 구성하는 것이 좋을지, 어떻게 구성하는 것이 딱 알맞은 공간을 만들 수 있을지에 대한 여러 논의를 합니다. 그 논의는 정말로 복잡한 것이지요. 말하자면 설계자는 주택설계를 부탁받았지만, 실제로는 거리설계도 해야 합니다. 진재와 그 후 원자력 발전소 사고에 의해서 사람들은 생활근거와 직장을 잃어버렸습니다. 생업의 일을 포함해 모든 것을 상실한다는 것은 이미 건축가가 할 수 있는 일을 넘어선 것입니다. 그렇기 때문에 행정과 조직을

엮어야 합니다. 중요한 것은 주택만을 설계해서는 안 된다는 것입니다. 주택은 지역과 함께 존재하는 것이지요. 그런 의미에서 저는 방 안을 묘사한 소설이 증가하고 있는 것과 동시에 거리 한 가운데를 다룬 소설도 증가하고 있는 거라고 생각합니다.

Q. 저는 비교문학을 전공하고 있는 박사과정의 정기인입니다. 한국문학과는 조금 다를지 어떨지 잘 모르겠습니다. 한국문학에는 선생님이 말씀하신 것처럼 역사적인 변화도 물론 있습니다만, 역시 계급문제가 중요한 요소로 등장하고 있습니다. 1930년대의 소설에도 집과 가문 문제가 있습니다. 그러나 가난한 사람에게는 가문이 아니라 집만이 문제시 되었습니다. 1970년대에도 가난한 사람들의 셰어 문제가 있었습니다. 이 시기에도 부자들은 가문과 같은 것이 있었고 그것은 지금까지도 마찬가지라고 생각합니다. 한국 드라마에서 부자들의 이미지는 전통적인 가문을 지니고 좋은 집에서 살지만, 궁핍한 사람은 값싼 호텔과 같은 곳에서 살고 있습니다. 제가 질문하고 싶은 것은 역사적인 변화도 물론 있지만, 계급적인 문제가 있는 것이 아닐까하는 것입니다. 일본문학에서

는 어떻게 표현되고 있는지 궁금합니다.

A. 계급 문제에 있어서 중요한 것은 중간층의 육성입니다. 국가에 있어서는 이른바 국민의 형성이라고 생각합니다. 일본의 역사에서 중간층이라는 것이 어떻게 형성되어 왔는지를 설명하기 위해서 1975년은 중요한 시기라고 생각합니다. 이 시기는 새로운 주택구조가 형성된 시대입니다. 당시는 사회적으로도 여러 가지 의미에서 전환점이 있었습니다. 결혼률이 제일 높은 세대가 '단카이 세대'[2]입니다. 당시 제가 여자대학의 교사일 때, 졸업생의 95%가 결혼을 했지요. 그리고 가정을 가진 한 사람이 거의 대부분 두 사람의 아이를 가지고 있었어요. 물론 여자대학에 다닌다는 것은 중산층 이상의 사람들입니다만, 여대뿐만 아니라 그 세대는 거의 전원이 결혼을 했습니다.

'가테이'가족의 성립은 신중간층이라는 것을 기반으로 증가해왔습니다. 일본에는 '이에' 제도로부터 빠져나갈 방법이 있었습니다. 차남, 삼남은 자기 신고로

---

[2] 단카이 세대(団塊の世代)는 1947년-1949년 일본의 제1차 베이비붐이 일어난 시기에 태어난 세대를 말한다. 제2차 세계대전 이후의 부흥기에 태어난 세대로 일본의 고도경제 성장에 크게 기여한 세대이기도 하다.

분가가 가능했습니다. 가령 차남이 분가하고 새로운 이에가 형성되면 1대의 첫 번째 가장이 됩니다. 그 1대의 첫 번째 가장은 자신의 아내와 그 아이들로 구성된 '가테이'가족이 된것이지요. 전후에 그러한 가족이 점점 증가해왔다고 생각합니다.

또 한 가지, '집 마련 정책'이라는 것이 있습니다. 조금 전에 오사카의 지도를 보여드렸습니다만, 1945년 직전의 오사카는 95%정도가 옛 집이었습니다. 참고로 도쿄는 90%정도가 그러했지요. 전후 불탄자리에 일본주택공단이 최초로 등장했을 때는 임대, 즉 빌려주기 위한 주택정책을 시행했습니다. 그런데 1975년이 되면 자기소유의 집, 분양주택의 건설이 계속 높아집니다. 금융공사의 역사를 보면 깜짝 놀랄만한 것이 있습니다. 처음에 공단은 국민이 건전한 문화생활을 보내기 위해서 임대주택안을 내놓았지요. 즉 국민의 최저상황에 대비하고 주택건설에 공헌하기 위한 정책이었습니다. 그런데 정부의 중요한 금융정책의 기관이 된 후부터 자기소유의 집을 마련하는 정책으로 바뀌었습니다. 미국으부터 무역흑자를 시급히 해소하자는 외압이 있었기 때문이지요. 내수확대라는 것입니다만, 요컨대 국민에게 물건을 사게 만드는 것이지요. 생애에서 가장 비싼 물건이 주거지 아닙니까? 따라서 '집 마련 정책'을 시행한 그 해의 예산안을 보면, 2회의 수정을 볼 수 있습니다. 그 수정이 바로 통과예산입니다. 주택대출을 짜내기 위한 기금이었습니다. 그 세대는 집을 가지면 국민의 자산형성이라는 식으로 명기하고 있었습니다. 실로 놀랄만한 것이지요, 이것에 의해 경제전체가 내수확대, 소비형으로 전환함으로써 소비가 급속히 늘어났다고 생각합니다. 그리고 집을 가졌다는 것은 중간층을 의미하는 것으로, 1975년 앙케이트 조사에 의하면, 일본인의 거의 대부분이 자신은 중류층이라고 인식했다고 합니다. 90% 이상의 사람이 중류층이라고 하는데, 이러한 의식의 근거가 자기소유의 집이었다고 봅니다. 따라서 계급의 문제는 매우 직접적으로 집 문제와 결합되어 있다고 생각합니다.

Q. 안녕하세요. 저는 한국학을 전공하고 있는 이순남입니다. 조금 전에 주거의 내부구조의 변천에 대해서 설명해주셨습니다만, 특히 부엌의 경우 처음에는 주방을 등지고 요리를 했는데, 1970,80년대가 되면 카운터키친으로 바뀌었습니다. 1990년대 이후부터는 벽

이 세워진, 즉 키친이 완전히 격리되어서 하나의 방이 되었지요. 그러한 변화와 선생님이 말씀하시는 '가테이'가족과의 관련성은 있는지요?

A. 물론, 관련성이 있습니다. 각 구성원이 객실에 머무는 시간이 점점 늘어나고 있는데, 그럴 경우에 무리해서라도 함께 식사하는 시간을 가져야 합니다. 학생들을 대상으로 한 앙케이트에서 부모의 귀가시간이 오후 8시가 넘는다는 결과가 나왔습니다. 현실적으로 함께 식사를 한다는 것은 불가능하지요. 그래도 함께 식사해야 하는 척 해야 합니다. 가족의 화목을 생각해서라도 노력해야 합니다. 그러한 의미에서 카운터에서 어머니가 등을 지지 않는 것입니다. 또한 남편도 아내도 일을 하는 맞벌이 부부가 많은 시대의 카운터 키친은 남편과 아내가 함께 부엌에서 설 수 있도록 구조화 된 것입니다. 그렇게 하면 부부협동의 작업이 가능해서 식사준비를 할 때 등을 돌리지 않아도 되니까요. 사실 '가테이'가족의 최초의 모델은 전업주부였습니다.

그렇지만 현실에는 수입문제가 있지요. 대학생의 아이가 2명이 있는 경우 집대출이 끝나지 않았으면 평균적으로 남편의 수입의 125%가 필요하다는 통계가 있습니다. 부족한 25%는 보통 아내가 아르바이트를 해서 충당합니다. 그러므로 집을 소유함으로써 중류의식을 가진 가정은 가족을 위해 사용하는 시간이 극도로 적다는 통계가 있습니다. 남편은 잔업이 점점 늘고, 아내는 아르바이트로 나가고, 아이는 학원에 갑니다. 가족이 함께 보낼 수 있는 시간은 극히 적습니다. 따라서 집에 살고 있는 사람은 고령자뿐이라는 것이 현실입니다. 그렇지만 이러한 모델의 방식은 세트가 된 부부와 아이가 있으므로 전업주부가 있을 때와 같습니다. 저는 현재의 모델이 전업주부가 있는 중간층, 즉 1925년부터 1975년 사이의 모델에 있다고 생각합니다.

Q. 저는 HK교수 임채성입니다. 제가 질문드리고 싶은 것은 도시주택관련에 관한 것입니다만, 주택문제에는 사실 여러 가지가 있습니다. 선생님께서 주택문제를 지역의 재편성으로 바라보고 있는데, 이에 대해서 부연 설명을 해주셨으면 합니다.

A. 앞서 말한 것처럼, 근대의 주택건설은 지속적으로 어

떻게 하면 닫고 나눌 수 있을까라는 점을 고민해왔습니다. 그러한 것이 원룸의 형태로 나타났지요. 원룸 맨션뿐만 아니라, 사실 부부와 아이들이 함께 있는 리빙이 있는 주택도, 일반 주택도 모두 그렇습니다. 가업의 시대가 아니기 때문에 아이들에게 부모의 직업을 이어받으라고 하지 않습니다. 대부분 같은 지역에 살지 않기 때문이기도 하지요. 가령 3LDK[3]인, 객실이 3,4개 있는 집에도 부부만 살고 있거나, 어떤 경우는 한 사람만 있는 곳도 있습니다. 저는 이것을 '고령자 주택의 원룸화'라고 부르고 있습니다. 넓은 주택이지만 실제로 사용하고 있는 것은 다실뿐입니다. 방은 전부 헛간이 되어서 쓰레기저택의 고독사라는 문제가 일어나고 있는 것입니다. 젊은 사람은 생활의 필요성에 의해 셰어하우스라는 것에 몰두하고 있습니다. 지금 도쿄에서는 빠르게 증가하고 있어서 셰어하우스운동이라고 부를 정도입니다. 기업 쪽에서도 셰어하우스에 주시하고 있습니다. 젊은 사람들은 생애연금을 상상하는 것이 불가능하다고 말합니다. 현재는 종신고용 같은 것이 없으며, 사회보장은 도움이

---

3) 세 개의 방과 거실과 부엌으로 구성된 주택을 뜻한다. L : Living, DK: Dining Kitchen

안 된다고 합니다. 그들은 생애설계가 불가능한 상황이라고 보고 있습니다. 셰어라는 새로운 개념은 여기서 나온 것입니다.

또 하나 독신자의 통계를 보면 젊은 쪽의 독신 주거의 수를 뛰어 넘는 고령자 독거라는 것도 있습니다. 뉴타운 중에 가족이 사는 집이지만, 실제로는 혼자 살고 있는 노인이거나 빈방인 것이지요. 이거야말로 정말 큰 문제입니다. 셰어는 고령자에게는 상당히 낯선 개념으로 이해하기가 어렵습니다. 지금부터 타인과 셰어하라고 말하는 것은 그들에게 무리입니다. 그러나 상황이 긴급하다면 어쩔 수 없는 경우가 등장하지요. 가령 어떤 맨션은 거의 같은 연령의 사람이 처음부터 일제히 입거한 경우가 있었습니다. 전원의 평균연령이 70세를 넘겼습니다. 상황이 이렇게 되자 맨션 전체를 간호맨션으로 하자는 안이 나와서 정말로 실현된 적이 있습니다. 지금까지 살아온 본거지보다 전체를 하나의 그룹하우스처럼 사용하는 것이 더 좋아서 한 것이 아니라, 상황이 긴급하였기 때문에 시작한 것입니다. 다만 이런 식으로 문제를 해결한 사례는 매우 적습니다. 실패한 경우가 더 많지요.

좀 전의 가설주택의 이야기에서도 지진과 원자력 발

전소 재해가 일어난 후, 각 도·도·부·현(都道府県)은 행정단위로 피난의 가족을 수십·수백 세대의 단위로 받게 되었습니다. 교토도 공영주택을 중심으로 수백 세대가 들어왔습니다. 그런데 행정은 그 빈방에 들어가는 것만으로 끝납니다만, 여러 가지 문제가 속출합니다. 가족이 다른 경우가 있는데, 이렇게 들어온 사람은 이웃의 방이 비워져있어도 사용하면 안 된다고 합니다. 그런데 아이들이 많아서 인원수가 많은 경우가 있습니다. 자신의 장남뿐만 아니라, 차남 삼남의 아이들까지 데리고 오고 친구들의 아이들까지 부탁받아서 옵니다. 한창 일할 나이의 사람들은 자신들이 살아온 터전을 떠나버리면 소유권 방기가 되는 것이고 배상문제도 해결할 수 없기 때문에 조금이라도 현장에서 가까운 곳에 남아야 합니다. 하지만 아이들만은 가능한 방사능으로부터 멀리 떨어지게 해주고 싶기 때문에 한 사람이 대표로 아이들을 통솔해서 옵니다. 그런 경우 새로운 집단이 형성되는 거지요. 제가 말하고 싶은 점은 더이상 가족용만의 방으로 문제를 해결할 수 없는 것들이 이미 여기저기에서 일어나고 있다는 거지요.

사회자 : 네, 그렇군요. 사실 저도 궁금한 점이 정말 많이 있습니다만, 유감스럽게도 예정된 시간이 지나버려서 이쯤에서 끝내야 할 것 같군요. 질문도 그랬습니다만, 선생님의 답변이 매우 열정적이었습니다. 3.11 이후의 일본에 대한 비판과 애정도 느낄 수 있는 귀중한 시간이었습니다. 감사합니다.

역자 후기

- 니시카와 교수는 일본형 근대 가족제도
- 와 주거공간의 변천을 통해 정치·경
- 제·사상 투쟁이 일상생활에서 어떻게 펼쳐지고 있는지 살펴보고 있다.

역자 후기

이 강연록은 근대문학과 여성학을 전공한 니시카와 교수가 2011년 10월 26일 서울대학교 일본연구소가 개최한 '일본 전문가 초청세미나'에서 발표한 글을 번역한 것이다. 니시카와 교수는 일본형 근대가족제도와 주거공간의 변천을 통해 정치·경제·사상 투쟁이 일상생활에서 어떻게 펼쳐지고 있는지 살펴보고 있다.

저자는 근대가족모델을 '이에(家)'가족과 '가테이(家庭)'가족, 그리고 개인으로 나누고 여기에 상응하는 주거모델로 이로리(囲炉裏)가 있는 집과 다실이 있는 집, 그리고 리빙이 있는 집과 원룸을 제시하고 있다. 메이지 민법에 의해서 제정된 '이에'가족은 주로 이로리가 있는 집에 살았으며, 1945년 패전 후에 발포된 신헌법과 1947년 개정된 개정민법에 의해서 편성된 '가테이'가족은 다실이 있는 집과 리빙이 있는 집에 살았다. 그리고 1970-80년대에는 혼자 사는 독신자가 증가하면서 원룸이라는 공간이 만들어졌다. 물론 이러한 형태는 단선적으로 진화하는 것이 아니라 역동적인 사회변동으로 인하여 여러 모델이 혼재되어 있었다. 저자가 가족모델과 주거모델을 '이중구조/이중소속의식'이라고 부르는 이유가 이 때문이다.

가족은 가장 작은 사회제도이며 이를 담는 가장 작은 공간은 주택이다. 사회의 최소단위로 구성된 가족과 주거형태는 사회변화에 가장 민감하게 반응할 수밖에 없다. 저자가 가족모델과 주거모델의 변천을 통해서 일상생활에서의 정치·사상적 투쟁공간을 포착하고자 한 근거가 여기에 있다. 이러한 연구를 통해 그는 '사적인 것은 정치적인 것이다'라는 문구의 의미를 독자에게 적확하게 전달하고 있다.

저자는 이러한 성찰적 사유를 문학에도 접목시키고 있다. 시마자키 도손, 무라카미 하루키, 요시모토 바나나 등 한국독자에게도 익숙한 작가들의 작품을 대상으로, 가족과 주거모델의 변천과 인물들의 내면심리의 상호관계를 촘촘히 살피고 있다. 그리고 이러한 사유가 '지금-여기'라는 공간에서 어떠한 가능성의 세계를 제시할 것인가를 끊임없이 가늠해보고 있다. 다수의 타자와 함께 사는 '셰어하우스(share house)'가 어떠한 가족을 재생산할지, 그리고 3.11이라는 대재앙 이후 가족관계와 주거공간이 어떠한 세계로 나아갈 것인지 등에 대한 고민은 저자의 몫이자 동시에 독자의 것이기도 하다.

이 책이 독자에게 주는 시사점은 여러 가지가 있겠지만, 그 중 첫 번째는 학제 간 연구를 들 수 있다. 저자는 1장에서 젠더연구를 '다영역 횡단형 학문'이라고 소개하고 있다. 여성이라는 문제를 주축으로 문학, 건축, 역사, 사회를 아우르는 그의 연구방법론은 독자에게 새로운 학문연구의 방향을 제시해 줄 것이다. 두 번째는 한국사회와의 관련성이다. 한국의 경우에는 건축·지리적 공간의 배분에 의해 '가족'이라는 것이 어떻게 재현되고 생산되고 있는지, 또는 가족모델에 따라서 주거공간이 어떻게 변천되고 있는지 살펴봐야 할 것이다.

이밖에도 한국과 일본은 2차 세계대전 후, 미군정의 점령 하에 동시적으로 미국문화를 소비했다. 미국문화가 가족관계와 주거공간에 미친 상상적·사회적 영향이 컸다는 사실은 의심할 여지가 없다. 그렇다면 당시 사람들은 미국문화를 어떻게 받아들였고 소비했으며 어떤 방식으로 그것을 현재까지 이어가고 있는가? 이에 대한 실마리는 부록으로 실은 「점령기 만화 속 여주인공들의 집」에서 찾아볼 수 있을 것이다.

번역을 하는 내내 '번역불가능성'이란 단어가 머릿속

에서 떠나지 않았다. '불/가능성'에는 부정과 긍정의 의미가 동시에 내포되어 있다는 것을 깨닫는 시간이었다. 번역은 언어와 언어의 환원 불가능한 대결로 인하여 새로운 의미가 생성될 수 있는 '가능성의 장'이기도 했지만, '불(不)'이 가지고 있는 난관 또한 만만치 않았다. 미흡한 번역의 책임은 모두 번역자에게 있다. 마지막으로 책이 나오기까지 여러모로 도움을 주신 조관자 선생님과 조아라 선생님, 그리고 김영미, 안지영 학형에게 감사드린다.

부 록

- 일본독자는 이 만화에서 미국의 전기화
- 된 부엌, 풍성한 식탁, 샐러리맨과 전업
- 주부, 그리고 3명의 아이들과 애완동물
  로 구성된 핵가족의 생활 등, 이문화로서
  의 미국 생활과 만나고 있었다.

부록

점령기 만화 속 여주인공들의 집
: 베이비상(Babysan)과 블론디(Blondie), 그리고 사자에상(サザエさん)*

메이드 인·오큐파이드 재팬
(made in occupied Japan)[1]

이라크 전쟁을 개시하기 직전, 백악관은 전후의 이라크점령은 일본을 모델로 하여 진행하겠다고 말해 미국과 일본에서 논란을 불러일으켰다. 오랜만에 '점령'이라는 것이 생생하게 되살아나는 순간이었다. 자위대 파견에 있어

---

* 이 장은 니시카와 유코의 『주거와 가족을 둘러싼 이야기 : 남자와 가족, 여자와 가족, 성별이 없는 방』(集英社新書, 2004) 중 제8장 「占領期マンガの女主人公たちのお家」를 번역한 것이다.
[1] '점령 하의 일본 제품'이라는 뜻으로 제2차 세계대전 후 일본은 GHQ 통치 하에서의 수출품에는 "made in occupied Japan"이라는 표시를 의무화했다. 이 표시는 수출무역이 재개된 1947년부터 샌프란시스코 평화조약이 발효된 1952년까지 약5년 간 사용되었다.

서 '점령'은 금기어로, 대신 '부흥지원'이 사용되었다.

일본의 전후부흥기는 곧 점령기라고 할 수 있다. 최근, 골동시장에는 '메이드 인 오큐파이드 재팬(점령하의 일본제품)'이라는 문구가 각인된 장난감, 생활용문, 잡화 등이 수집가들 사이에서 거래되고 있다. 인터넷에서 그 은밀한 붐(boom)을 슬쩍 엿볼 수 있는데, 제품 그 자체의 기술적 수준의 높음과 각인된 문구의 역사성, 게다가 제조시기가 한정되어있기 때문에 희소가치가 높다는 점이 부가 가치를 생산해내고 있다.

1947년 이후 민간수출에 대한 금기는 풀렸지만, 연합군은 점령이 끝날 때까지 수출하는 일본제품에 'made in occupied Japan'이라고 명시하는 것을 의무로 했다. 가령 도자기에 관해서는 바이어가 커피 컵, 노벨티(novelty)라고 불리는 장식물 등을 견본으로 지참하고, 일본의 가마모토(窯元)[2]가 이것을 대량으로 구우면 바이어가 완성된 제품을 인수해서 주로 미국으로 팔았다고 한다. 견본 오리지널과 일본에서 만든 대량제품을 나란히 본적이 있는데, 뒤에 각인이 없으면 양자를 분별할 수가 없었고 오히려 대량제품의 세부 마무리가 완벽하다고 생각될 정도로

---

2) 도자기를 만드는 사람을 뜻한다.

세련도가 매우 높은 제품이 만들어졌다. 피폐한 일본 산업계에 활기를 가져올 해외수요였지만, 오랜 항해에 필요한 고액의 운송비를 지불해도 괜찮을 만큼 구미(歐米)에 비해서 노동임금이 낮은 것이 전후의 현실이었다. 게다가 도자기의 경우, 지방의 가마가 축적한 기술레벨은 세계의 표준기준에서 봐도 현격히 높았다. 전후 물자결핍의 시대에 금박을 비롯한 재료를 어디에서 모았는지 호화로운 제조를 아낌없이 사용한 것도 놀라운 사실이었다.

수출용 제품은 당시 국내 시장에는 유통되지 않았기 때문에, 굴욕적이게도 오큐파이드 재팬이라고 새겨졌다는 사실은 일반인에게는 거의 알려지지 않았다. 각인된 제품은 그 이후, 구미의 수집가 사이에서 거래되었지만 역으로 일본의 골동품시장에도 들어오는 회유현상이 나타났다. 고도경제성장 이후 과거 굴욕체험의 증거품이 일본에서 희소품으로 수집가들 사이에서 매매되는 굴절된 현상이 일어났던 것이다.

고사카 가즈야(小坂一也)[3]는 1990년 '메이드 인·오

---

3) 고사카 가즈야(小坂一也, 1935-1997)는 배우이자 가수이다. 고교시절부터 밴드활동을 시작하여 진주군 캠프장에서 연주를 했다. 저서로서는 소년기의 회상기 『메이드인 오큐파이드 재팬(メイド・イン・オキュパイド・ジャパン)』(河出書房新社, 1990)이 있다.

큐파이드 재팬'을 일부러 자서전의 타이틀로 달았다. 고사카는 학생시절 진주군(進駐軍)의 병사들이 높은 벽 위에 매단 바구니에서 초콜릿을 포함한 여러 물자를 꺼내면 아래 모인 일본인들이 이를 엔(円)과 교환하는 상황을 싫증 내지 않고 계속 보고 있었다.

  부유한 나라의 병사들이 왜 가난한 나라의 통화를 필요로 할까? 엔으로 무엇을 사려고 했던 것일까? 이 모든 것이 소년에게는 수수께끼였다. 소년은 미국문화를 동경한 나머지 각지의 미군캠프를 돌며 공연하는 서부극 가수가 되었다. 이후 예술계에 데뷔하여 아이돌가수가 되었으며 수많은 청춘영화에 출연하기도 했다. 후년에는 텔레비전 드라마에도 자주 출연하여 중후한 중년 샐러리맨을 연기했다. 미국의 꿈을 좇으면서 성인이 된 피점령국 소년의 애수어린 이야기는 당시 공포와 폭력만 있는 것이 아니라, 문화의 매력 또한 압도적이었다는 것을 자세히 보여주고 있다. 점령측과 피점령측의 생활수준의 현력한 차이를 목격하면서 식량뿐만 아니라 문화에 굶주리게 된 아이들은 진주군의 문화에 강하게 이끌렸다.

점령군 주둔

고사카 가즈야의 자서전에서 점령군의 '하이츠(heights)'[4]는 다음과 같이 묘사되고 있다.

기지에서 제일 가까운 작업장은 누가 뭐라고 해도 화이트 하우스였다. 현재 NHK와 국립요요기경기장을 합해 요요기공원일대는 전부 미군의 가족용으로 건설된 주택들로 채워졌다. 여기를 경비하는 공군병들의 숙사 빌딩도 있었지만, 대부분은 단층집 또는 이층건물의 목조주택이었다. 녹색의 페인트가 아름답고 광대한 부지에 산재하고 있었다.
정비된 잔디밭 정원의 여기저기에 그네와 미끄럼틀이 설치되어 있었다. 빨랫줄에 달려있는 세탁물조차 아름다운 전망으로 비쳤다. 마치 전람회를 장식한 만국기 같았다. 포장도로에는 "LIMIT 15 MPH"(제한시속 15마일)의 표식에 맞춰 색색의 미국차가 느긋하게 오갔다. 정말로 꿈의 아메리카 타운이었다.

내가 어린 시절을 보냈던 교토에도 하이츠가 있었다. 교토시의 식물원으로 접수된 그곳에 진주군 가족용 주택

---

[4] 고지대에 있는 집단 주택 또는 집합주택, 주택단지 등을 부르는 명칭이다.

인 디펜던트하우스(dependent house)가 건설된 풍경은 나도 어렴풋이 기억하고 있다. 물론 출입금지 지역이었기 때문에 가모(賀茂)강을 마주보는 언덕에서 식물원의 나무숲을 바라보았다. 고사카 가즈야가 사용하고 있는 미군의 가족용 주택의 정식명은 영어로 'Dependent Housing' 또는 'Dependent House'이었다. 디펜던트(dependent(s))에는 '부양가족'의 의미가 있다. 점령군 주둔의 경우, '가족용 주둔(Dependent Housing)'과 '군인 관사(Troop Housing)'가 구별되었다.

1945년 일본열도에는 450만호의 주택이 부족했지만, 그것과는 별도로 1946년 GHQ(연합군총사령부)는 일본정부에게 점령군 장병의 가족용 주택 2만호의 건설명령을 내렸다. 마찬가지로 가구, 집기도 조달되었다.

고이즈미 가즈코(小泉和子)·고야부 아키라(高藪昭)·우치다 세이조우(內田靑蔵)의 저서 『점령군 주택의 기록』(1999)에는 "일본 생활 스타일의 출발점이 된 디펜던트 하우스"라는 긴 부제가 달려있다. 이 책에는 미국과 일본 양측이 남긴 기록을 바탕으로 현지조달에서 조달한 자재, 기술, 노력으로 미국 스타일의 주택을 대량으로 생산하는 계획, 도중의 경위, 결말 등을 상세하게 기술하고 있다. 권말에는 부록으로 일본 측의 책임자와 기술자가 함께한 좌담회가 첨부되어 건축가가 본 이문화 교류가 구체적으로 이야기 되고 있다.

일본 측의 건축가가 최초로 본 것은 전시 중인 미국의 '최소한주택(最小限住宅)'의 평면도였다. 미국도 일본과 마찬가지로 전시 중에 국민주택건설계획이 진행되어 최소한의 기준이 결정되었다. 총력전 하에서 서로 적이었던 양진영의 구조는 유사했던 것이다. 참으로 아이러니한 상황이 아닐 수 없다. 그는 미국 전시주택의 사상은 '슬리핑 쿼터(sleeping quarter)' '다이닝 쿼터(dining quarter)' '리빙 쿼터(living quarter)'라는 세 구조를 기본으로 하는 것으로, "일본인들은 미국인들이 오기 전에는 이러한 사상을 알지 못했다"라고 말하고 있다. 정말 그럴까? 미국 전시주택의 기본 컨셉은 기능적 국민주택론을 구축한 니시야마 우조(西山夘三)5)의 침식분리(寢食分離)이론6)과 유사하다. 다

---

5) 니시야마 우조(西山夘三, 1911-1994) 건축가, 도시계획가이다. 주택문제를 과학적으로 연구하는 기초를 세웠다. 저서로는 『국민주택론고(国民住居論攷)』(1944), 『일본의 주택문제(日本の住宅問題)』(1952) 등이 있다.
6) 니시야마는 주거에 요구되는 것은 휴식이며 휴식의 질은 노동의 질에 따라 결정된다고 보고, 고된 노동에는 높은 질의 휴식이 필요하고 하였다. 따라서 그는 노동력의 재생산을 위해서는 안면이 중요하기 때문에 '침식분리'와 '분리취침'을 해야 한다고 주장했다. 니시카와 유코, 「전쟁과 주택(戦争と住宅)」, 앞의 책, 96-97쪽.

만 미국의 경우 주택공간의 관리를 전부 아내가 하고 있었던 점이 크게 달랐다.

디펜던트 하우스 건축에 종사했던 일본인 건축가는 건축기술이 미국과 다른 이상 주택의 의미가 다르다는 것, 그중에서도 특히 주택주인들의 섹슈얼리티(sexuality)와 관련된 방식에 강한 인상을 받았다.

> 가족이 아니면 백악관에는 입거할 수 없기 때문에 그곳에서 행해지고 있는 것은 미국의 생활방식입니다. 그 생활이라는 것은 단순하게 말하면 부부단위의 생활, 즉 섹스입니다. 부부 사이의 균열이 발생했을 때, 그 원인은 주로 남편이 다른 여성과 관계를 맺었을 때입니다. 일본 사회와의 교제로 인하여 주인이 일본의 여성과 결합할 기회는 확률적으로 높았기 때문에 백악관에 입거해 온 미국 가족의 이혼율은 대단히 높았습니다. 내가 알고 있는 한에서도 이혼한 부인이 돌아간 예가 수두룩합니다. 군에서는 부인이 돌아가면 자신도 돌아가고 싶다고 말할 수 없습니다. 이러한 비극은 상당히 은폐되어 있습니다. 거기서 행해지고 있는 가족은 이른바 섹스를 수반한 부부가 중심입니다. 이런 이유로 여성은 집에 있어도 매우 컬러풀한 것을 착용하고, 남편이 돌아오면 도발적으로 키스를 한다든가, 포옹을 합니다. 그러한 두 사람의 행위가 행해지는 장소가 군의 시설인 것은 확실한 것입니다.
> (『점령군 주택의 보유』부록)

건축가는 미국가족의 성행동의 주도권은 아내가 쥐고 있으며 가족생활은 아내 중심으로 편성되어 있기 때문에, 주택공간과 가족의 시간관리에 있어서 아내의 책임이라는 것도 강조하고 있다. 점령군 주택은 2층에 배치된 부부의 침실과 화장실 공간의 일체화 그리고 가정부의 공간과 시간을 주부의 것과 차별화하는 것을 기본방침으로 설계되었다.

점령은 거의 절대적인 권력의 차이를 바탕으로 행해지는 이문화 접촉으로, 그 영향은 당연히 사영역까지 미친다. 그렇다면 다음 장에서는 주거를 무대로 한 전후 만화의 여주인공 3명에 대해서 알아보도록 하자.

「베이비상」의 다다미 집

나는 최근에 일본점령기에 발간된 『성조기(Stars and Stripes)』[7]에 실려 있는 연재만화의 존재를 알았다. 빌흄(bill Hume)의 작품 「베이비상」이 단행본으로 나왔을 때

---

7) 해외에 파병된 미군들을 위한 신문이다. 유럽판과 태평양판이 있으며, 태평양판은 제2차 세계대전 후 한국과 일본에 주둔한 미군들에게 배포되었다.

〈베이비상의 표지〉

의 부제는 "일본점령에 대한 사적관찰"이다. 이 만화의 여주인공 베이비상은 점령시대에 GI(미국군인)의 애인인 일본처녀이다. 당시의 일본어로는 '팡팡걸(ぱんぱんガール)', '온리(オンリー)'라고 불렸다.

베이비상에게는 부양하지 않으면 안 되는 가족이 있다. 그러나 GI에서 봤던 베이비상은 "화류계에 몸을 던진다"라고 하는 어두운 이미지의 매춘부가 아니라, 파마머리와 짙은 립스틱, 그리고 게다를 신은 스커트 차림으로 위풍당당하게 GI들과 얘기하고, 골목 안쪽에서 버젓한 일본가옥에 엔(円) 돈뭉치와 PX(병영내의 매점. 미국 군방출물자를 취급하는 가게)의 물자를 옮기는 당돌한 여성의 이미지로 그려지고 있다. 고사카 가즈야 소년의 질문에도 있었던, 미군 병사는 왜 일본엔을 필요로 했을까에 대한 이유 중 하나였을 것이다. 장지, 맹장지, 다다미[8]로 꾸며진 베이비상의 집에 찾아온 젊은 해병들은 워싱턴 하우스의

---

8) 일본에서 사용하는 전통적인 바닥재이다.

디펜던트 하우징에 사는 장교가 아니라 독신자용 기숙사 하우징에 살고 있는 군대소속이었다. 경우에 따라서 베이비상은 기지의 게이트까지 가서 문지기에게 스미스를 불러오라는 등의 교섭을 하기도 했다.

GI의 관점에서 묘사된 만화는 자신들의 일본 생활에 대한 무지와 그것을 응대하는 매력적인 베이비상을 가능한 한 과장되게 대비하고 있다. 이를 통해 GI가 베이비상의 포로가 되어 점령을 배운다는 테마를 희화적으로 그리고 있다.

가령 베이비상의 집 현관에는 마룻귀틀과 신발 벗는 돌이 있다. 무심코 다다미에 신을 신고 올라 온 해병에게 베이비상은 "당신 언제까지 일본에 있을거야?"라고 질책한다. 다다미방에는 도코노마(床の間)[9]가 있고 화로와 접이식 밥상이 놓여 있으며 좌석도도 그려져 있다. 밥상 위에 오카시라쓰키(尾頭付き)[10]의 눈알에 감시를 받아 머리를 감싸 쥔 군인은 베이비상에게 오카시라쓰키가 없으면 부정을 탄다고 배운다. 그리고 또 하나 베이비상의 다다

---

9) 일본 주택의 다다미 방 장식의 하나이다. 응접실의 한 귀퉁이에 만들어진 것으로 벽막이 등으로 구성되어 있으며 족자나 꽃등을 장식하는 장소이다.
10) 꼬리와 머리가 붙은 채로 구운 생선으로 제사나 경사 때 올려놓는다.

미 집에는 일본인 남성의 모습은 없다. 일본은 어디까지나 여인의 나라인 것처럼 묘사되고 있다.

점령에 의한 이문화 접촉 체험은 미국측에서는 매춘부 정경으로 그려진다. 일본집안에 들어 온 GI는 미국에 의한 일본점령의 비유였던 것이다. 물론 이 만화는 미국인 독자용으로 일본어판은 없다. 그러나 영어판은 'KASUGA BOEKI K.K. TOKYO, JAPAN'이라는 회사에서 출판되고 있었다. 점령 종료 후에도 일본에 있던 미국인를 위해서 또는 점령기의 기념품으로 판매되고 있었던 것일까.

단행본 「베이비상」의 마지막 장에는 귀환명령에 의해 미국으로 돌아가는 보이프렌드가 탄 배를 향해 부두에서 손을 흔드는 베이비상의 뒷모습이 그려지고 있다. 그러나 그녀의 얼굴은 벌써 새로운 보이프렌드 후보인 해병을 향하고 있다. 베이비상의 대사에 "오큐패이션은 끄덕없어"란 말이 있다. 점령 종료 후에도 점령은 계속된다는 뜻으로 읽을 수 있는 대사이다.

「블론디」 언덕 위에 하얀 집

디펜던트 하우스가 출입금지구역에 있었음에도 불

구하고, 일반 일본인들도 미국의 가정생활에 관한 지식을 습득하기 시작했다. 실물에 의해서가 아닌, '블론디[11]'라는 미국 중류가정 주부를 주인공으로 한 만화와 미디어 정보에 의한 것이었다. 칙 영(Chic Young)작 「블론디」는 미국에서 인기 있는 가정만화였다. 일본에서는 『주간아사히(週刊朝日)』가 1946년 6월부터 연재를 시작했다. 이것이 『아사히신문(朝日新聞)』 조간의 연재만화가 된 것은 1949년 1월 1일부터였다. 연재는 1951년 4월 15일까지 계속됐다. 첫날부터 1월 20일까지 만화의 대사는 일본어뿐이었지만, 그 이후부터는 아래 영어 원문이 달렸다.

아사히신문지 상에는 칙 영의 「블론디」와 하세가와 마치코(長谷川町子)의 「사자에상」[12]이 미묘한 경쟁관계를 이루고 있었다. 「사자에상」은 1946년에 후쿠오카의 『유칸후쿠니찌(夕刊フクニチ)』에 등장한 후, 1949년 12월 1일 조간뿐이었던 『아사히신문』에 석간이 부활하자 아사히

---

11) 1930년에 처음 연재 된 미국만화이다. 한국에서는 1949년 9월 11월 『서울신문』에 처음으로 소개되었으며 이후 1954년 7월 11일 『한국일보』에서 연재되었다.
12) 4컷 만화로 1946년 4월 22일부터 1974년 2월 21일까지 연재되었다. 영화와 애니매이션으로 만들어지기도 했으며, 단행본 발행 부수는 시마이(姉妹)사판이 700만부이상, 아사히 신문사판이 1600만부 이상에 이른다. 일본 신문 연재만화로서는 최고의 베스트셀러라고 할 수 있다.

석간만화가 됐다. 아사히신문의 독자는 조간에서는 「블론디」를 석간에서는 「사자에상」을 읽으며 1년 반을 지냈던 것이다. 지방판에는 석간이 없었으므로 「블론디」만 연재되었다.

아사히신문의 조간만화가 된 「블론디」는 초기에 "「블론디」등장 본지에 연재"의 기사와 함께 세계에서 가장 인기 있는 연재만화로 소개되었다. 등장인물은 "인기인 블론디와 그의 좋은 남편 다그우드, 아들 알렉산더, 딸 쿠키, 애완견 디치와 그의 자식인 5마리의 강아지, 그리고 이웃 우드레이 부부와 다그우드 회사의 사장 시저스 등"이라고 설명하고, 작가 칙이 "일본의 아버지, 어머니, 아드님, 따님"에게 잘 부탁한다고 호소하는 글이 실렸다.

1949년 1월 1일 조간에 연재된 4컷 만화의 1면에는 버스가 올 때까지 1분밖에 안 남아서 서두르고 있는 다그우드와 블론디가 "당신 잊어버린 것"이라고 말한다. 2면은 버스를 향해 달리고 있는 남편의 뒷모습에 블론디가 "다그우드 돌아와서 키스해줘!"라고 부르짖고 있다. 3면에는 "쪽!"이라고 키스의 소리가, 4면에는 버스에 매달린 다그우드의 중얼거림 "여자란"이라는 말이 그려지고 있다. 점령군 주택 설계에 종사한 일본의 건축가들이 후에 술회한대로, 일본의 독자는 부부의 키스라고 하는 미국문화를 잘 알지 못했다.

　일본신문에 연재된 「블론디」는 전후일본의 미국화의 전형적인 예로서 연구자들의 분석대상이 되었고 동시대 독자로부터의 청취조사도 행해졌다. 일본독자는 이 만화에서 미국의 전기화 된 부엌, 풍성한 식탁, 샐러리맨과 전업주부, 그리고 3명의 아이들과 애완동물들로 구성된 핵가족의 생활 등, 이문화로서의 미국생활과 만나고 있었던 것이다.

「사자에상」과 「블론디」의 교대극

　나는 어렸을 때 읽은 아사히신문 조간의 「블론디」를 희미하게 기억하고 있다. 가난한 시대의 아이들은 다그우드의 특제 3단 샌드위치에 놀랐다. 건축가가 지적한 침실과 화장실의 일체화의 의미를 알고 있었던 것은 아니지만, 미국의 집에는 욕실이 2층에 있다며 이상하다고 생각했다. 다그우드와 아메리카 동부를 대표하는 꽃이 미국산 딸나무라는 것을 가르쳐 준 어른도 있었다. 그리고 나는 점령이 끝난 그 날, 「블론디」가 일본의 신문에서 사라진 줄 알았다. 그런데 옛날 신문을 읽고 확인한 결과 「블론디」

가 아사히신문에서 사라진 1951년 4월 16일은 점령이 끝난 날이 아니었다. 연합군총사령관인 맥아더원수는 한국전쟁의 작전을 둘러싸고 트루먼 대통령과의 의견대립으로 4월 11일에 점령군총사령관에서 해임되고 5일 후인 4월 16일에 일본을 떠났는데, 나는 이 날을 점령이 끝난 날로 기억했던 것이다. 조간에는 "맥아더 원수의 출발" "천황 맥아더와 이별"이라는 표제가 쓰여 있었다. 전날의 신문에는 벌써 후임인 리지웨이 총사령관이 책임지고, 맥아더 원수의 임무를 이어받아 대일강화조약의 체결도 준비한다는 성명이 실려 있었다.

내 주위의 어른들은 맥아더가 연합군총사령관에서 해임된 것을 점령이 끝날 날이 가까워진 것으로 생각하고 있었던 듯하다. 여기에 아이들은 제멋대로 블론디는 맥아더와 같은 비행기를 타고 미국으로 떠나고, 하이츠 장교용주택도 구름이 되어 어디론가 떠나버려서 점령이 끝났다고 여겼던 것이다. 그러나 「블론디」는 1956년까지 『주간아사히』에 연재되었다.

「블론디」 연재 개시의 심정을 소개한 기사는 있었지만, 연재종료에 관해서는 한마디의 설명도 없었다. 15일날 신문에 "내일부터 사자에상 연재"라고 하는 예고가 작게 실려 있을 뿐이었다. 16일에 정식으로 석간에서 조간

만화가 된 「사자에상」의 주인공의 첫 발언은 "사자에라고 합니다. 여러분 잘 부탁드립니다"였다.

마스오의 처가살이

블론디와는 달리, 사자에상은 당시 일본인독자가 주변에서 늘 보아온 단층집의 일본가옥에 살고 있었다. 정원에는 닭을 기르고 있으며 매일 두부장수의 나팔소리가 들렸다. 사자에상의 일가는 블론디네와 같은 핵가족이 아니다. 주인공 사자에상 (도쿄사자에상 학회편 「이소노가(磯野家)의 수수께끼」에 의하면 추정연령은 27세), 남편 후구다 마스오(32세), 그 자식인 다라오(3세), 사자에상의 양친인 이소노 나미히라(磯野波平, 54세), 후네(48세)와 그의 자식인 가츠오(소학교5학년)와 우카메(소학교1학년)의 두세대가 한 집에 살고 있었다. 문패는 "이소노" 하나만 걸려 있었다. 그들 가족은 사자에상의 친부모의 집에 얹혀사는 처가살이를 했던 것이다. 사자에상과 같은 처가살이는 후에 '마스오상 현상'이라는 유행어가 됐다.

구(舊)가장인 나미하라와 신가장인 마스오는 각자 가장의 체면을 유지하고 있었지만, 사자에상의 집은 블론디의 집과 마찬가지로 한낮에는 부재하는 가장들로 인하여 주부가 있는 공간이었다. 사자에상의 집은 여주인공이 관리하는 '여성의 집'으로 그려지고 있었다. 「사자에상」은 일본형 근대가족의 전전가족과 전후가족의 절충판을 미묘하게 그려냈다. 실제로, 전후의 '가테이'가족모델과 그 그릇인 nLDK형[13] 주택모델이 성립한 것은 전후 10년이 지난 1955년에 일본주택공단이 설립된 후, 단지주택이 대량으로 건설되고 나서였다. 「사자에상」은 점령기간이 끝난 후에도 여러가지 희극적인 요소가 많이 있었으며, 장기간 애독되었다.

---

13) n개의 방과 거실과 부엌으로 구성된 주택을 뜻한다.

참고문헌

岩本茂樹, 『戦後アメリカニゼーションの原風景 -「ブロディ」と投影さらたアメリカ像』リベラ・ツリーズ5, ハーベスト社, 二〇〇二年.

小泉和子・高藪昭・內田青蔵, 『占領軍住宅の記録』(上・下二巻)住まい学大系/096,097, 住まいの図書館出版局, 一九九九年.

幸まゆか, 『基地住宅今昔物語』日本図書刊行会, 二〇〇年.

チック・ヤング『ブロンディ』朝日新聞、週刊朝日、連載マンガ.

東京サザエさん学会編, 『磯野家の謎』飛鳥新社, 一九九二年.

長谷川町, 『サザエさん』夕刊フクニチ、朝日新聞、連載マンガ.

樋口恵子, 『サザエさんからいじわるばあさんへ―女・子どもの生活史』ドメス出版, 一九九三年.

Bill Hume: *Babysan, A Private Look at the Japanese Occupation*, Kasuga Boeki K.K. Tokyo, 1953.

저 자 | **니시카와 유코 西川祐子**

1937년 도쿄출생. 교토대학대학원 대학연구과 박사과정(프랑스어문학 전공) 수료. 파리대학 박사 졸업. 교토분쿄(京都文教) 대학 인문학부 교수 역임. 근대문학(일본·프랑스문학 전공)과 젠더연구자. 저서로는 『꽃의 여동생 : 기시다 도시코(岸田俊子) 전』(新潮社 1986), 『셋집과 자기소유집의 문학사』(三省堂, 1998), 『근대국가와 가족모델』(吉川弘文館, 2000), 『주거와 가족을 둘러싼 이야기』(集英社新書, 2004), 『일기를 쓴다는 것 : 국민교육장치와 그 일탈』(吉川弘文館, 2009) 등이 있다.

번역자 | **임미진**

서울대학교 국어국문학과 박사수료. 현재 서울대학교 일본연구소 HK연구보조원, 서원대 강사. 최근 발표한 논문으로는 「번역을 둘러싼 제국일본과 식민지조선의 정치학」(2012)이 있으며, 공역으로는 『좌담회로 읽는 국민문학』(소명출판, 2010)이 있다.

○IJS 서울대학교 일본연구소
Reading Japan 6

문학에 나타난 생활사
: 주거와 가족을 둘러싼 이야기
文学に現れた生活史

초판인쇄 2012년 06월 20일
초판발행 2012년 06월 30일

기　　획 서울대학교 일본연구소
저　　자 니시카와 유코(西川祐子)
번 역 자 임미진
발 행 처 제이앤씨
발 행 인 윤석현
등　　록 제7-220호

주　　소 서울시 도봉구 창동 624-1 북한산현대홈시티 102-1206
전　　화 (02)992-3253(대)
전　　송 (02)991-1285
전자우편 jncbook@hanmail.net
홈페이지 http://www.jncbms.co.kr
책임편집 이신

ⓒ 서울대학교 일본연구소 2012 All rights reserved. Printed in KOREA

ISBN 978-89-5668-917-3 03830　　　　　**정가** 6,000원

· 저자 및 출판사의 허락 없이 이 책의 일부 또는 전부를 무단복제·전재·발췌할 수 없습니다.
· 잘못된 책은 바꿔 드립니다.